河南省软科学研究项目：“智慧技术赋能河南省跨境电子商务高质量发展的作用机制、耦合效应与发展路径研究”（项目编号：242400411202）

“智能+”背景下的跨境电子商务发展策略研究

——以河南省为例

岳彩军◎著

中国财经出版传媒集团
中国财政经济出版社
·北京·

图书在版编目（CIP）数据

“智能+”背景下的跨境电子商务发展策略研究：以河南省为例／岳彩军著．-- 北京：中国财政经济出版社，2025.3. -- ISBN 978-7-5223-3885-9

Ⅰ. F724.6

中国国家版本馆 CIP 数据核字第 2025B1K065 号

责任编辑：庄　莉　　　　责任校对：张　凡
封面设计：孙俪铭　　　　责任印制：史大鹏

“智能+”背景下的跨境电子商务发展策略研究
——以河南省为例
“ZHINENG+” BEIJINGXIA DE KUAJING DIANZI SHANGWU FAZHAN CELÜE YANJIU
——YI HENANSHENG WEILI

中国财政经济出版社 出版

URL：http：//www.cfeph.cn
E-mail：cfeph@cfeph.cn

社址：北京市海淀区阜成路甲 28 号　邮政编码：100142
营销中心电话：010-88191522
天猫网店：中国财政经济出版社旗舰店
网址：https：//zgczjjcbs.tmall.com
涿州汇美亿浓印刷有限公司印刷　各地新华书店经销
成品尺寸：170mm×240mm　16 开　13.25 印张　160 000 字
2025 年 3 月第 1 版　2025 年 3 月河北第 1 次印刷
定价：70.00 元
ISBN 978-7-5223-3885-9
（图书出现印装问题，本社负责调换，电话：010-88190548）
本社图书质量投诉电话：010-88190744
打击盗版举报热线：010-88191661　QQ：2242791300

前言

随着信息技术的不断发展和人们对于通过网络购物、跨境购物的逐渐习惯，跨境电子商务作为对外贸易的一种新业态、新模式，在对外贸易中的战略地位与影响日益凸显，既是国家经济增长的新动力，又是改革开放的新窗口。近年来，我国跨境电商进出口总额占外贸总量比重不断上升，河南省跨境电商的发展位于全国前列，郑州首创“1210”模式已在全国复制推广，并得到国际海关组织的认可。近年来，物联网、大数据、云计算、区块链、5G等智能技术的深入应用和发展，跨境电子商务发展的外部环境和内部条件也面临着新的机遇和挑战，这使得政府、企业、协会等社会各主体需要紧随时代发展趋势进行跨境电子商务的改革与创新。

本书承接智能技术发展趋势，以河南省跨境电子商务为主要研究对象，主要从以下方面开展“智能+”跨境电子商务发展策略研究。

第一，回顾国内外跨境电商研究现状。本书从跨境电商发展过程及驱动力、跨境电商发展的内外部影响因素、跨境电商对经济社会发展的影响效果、跨境电商发展存在的问题及对策等方面进行了整体梳理。

第二，梳理跨境电商高质量发展的相关理论。本书根据“智能+”跨境电商的内涵特征回顾了熊彼特创新理论、交易成本理论、产业集群理论、信息不对称理论、协同理论、商业生态系统等，了解“智能＋”跨境电商高质量发展的理论基础。

第三，揭示智能技术与跨境电商的耦合对接机制。本书明晰区块链、大数据、物联网、人工智能等智能技术的特征及应用领域，掌握跨境电商的构成要素、关键环节及运行逻辑，揭示智能技术与跨境交易、跨境支付、跨境物流、商品溯源等重点环节的耦合对接机制。

第四，掌握河南省跨境电商发展现状及存在问题。本书2019年10月至12月进行了为期2个月的实地调研访谈工作，已经对河南省多个跨境电商发展先进单位以及国内多个跨境电商发展先进城市进行了实地考察。具体从跨境电商交易规模、基础设施以及通关监管等方面分析河南省跨境电商整体发展现状；从郑州跨境电商综试区、经开区、航空港区、河南保税物流集团等主要地区单位了解郑州跨境电商发展情况；从政策体系支持、业务交易规模、产业链条、基础设施建设、通关监管创新等方面概述河南省跨境电商发展取得的主要成效；从跨境信用、跨境物流、跨境支付、跨境通关、人才短缺、制度体系以及综试区发展等方面归纳河南省跨境电商发展存在的主要问题。

第五，总结国内外跨境电商发展的主要经验与做法。本书梳理美国、欧盟、东盟、澳大利亚、日韩等国家或地区的跨境电商发展的主要经验和做法，梳理杭州、上海、苏州、宁波、武汉等国内地区跨境电商发展的主要经验和做法，从完善跨境电商体制机制、积极推进智能技术应用、优化跨境电商税收管理、全面提升对外开放水平等方面总结了促进跨境电商发展的经验做法。

第六，剖析河南省“智能＋”跨境电商发展的基础条件。本书回顾了国家层面、部委层面以及河南省的跨境电商相关政策，从交通枢纽地位、网络基础设施、特色产业发展等方面剖析了河南省“智能+”跨境电商发展的基础条件。

第七，明确河南省“智能+”跨境电商发展的目标思路。本书提出河南省跨境电商的发展要以智能物流为基础，郑州综试区为主导，河南自贸试验区为重点，郑州航空港区为突破，内陆对外开放的新高地为发展目标；围绕“对接智能技术与跨境电商生态圈——构建智能化的政府管理服务体系——健全完善跨境电商发展政策体系——积极培育跨境电商行业全产业链——打造跨境电商复合型人才聚集地——打造内陆地区对外开放的新高地”这一思路促进河南省“智能+”跨境电商的发展。

第八，设计河南省“智能+”跨境电商发展的主要路径及具体着力点。本书从强化政府服务意识、健全完善政策体系、加快物流设施建设、延伸扩展产业链条、加快人才培养引进、全面提升对外开放等方面设计河南省“智能+”跨境电商发展路径；从研究制定统一规则标准、加强跨境物流智能化应用、不断完善跨境电商产业链、升级完善“单一窗口”建设、加快复合型人才培养引进、完善综试区管理体制机制、积极融入国家级重大战略等方面明确河南省“智能+”跨境电商发展着力点。

本书的创新之处在于探讨了智能技术和跨境电商的耦合对接机制，通过对河南省跨境电商交易规模、基础设施以及通关监管等方面的分析，了解河南省跨境电商整体发展情况，而后重点分析郑州跨境电商综试区的发展情况，从而可以从整体上掌握河南跨境电商发展的状况。与此同时，本书将智能技术和跨境电商相互融合的理论运用到实际，对河南省多地区和国内先进地区进行实地调研访谈，发现问题、解决问题，为河南省跨境电商的更好发展提供参考。

本书对河南省跨境电商建设具有重要作用。一方面，有助于完善河南省跨境电商发展的相关理论，为河南省顺利推进跨境电商高质量发展提供理论指导。另一方面，为河南省跨境电商发展提供突破口，顺应新一轮科技革命和产业变革迅猛发展的形势，提高河南省跨境电商发展的智能化、便利化、自由化水平。但本书仍存在一些不足之处，如本次课题进行的实证研究选择了河南省在跨境电商领域发展效果相对较好的地区，并非完全意义上的大样本调查实证研究，同时，缺少对智能技术的应用程度分析以及应用效果测评方面的研究。针对本书的不足，在接下来的研究工作中，会着重在样本的选取、数据的获取和整理等方面继续开展深入的研究和探讨，同时，加深将智能技术应用于跨境电商的认识，并用科学的评价方法对智能技术的应用程度和应用效果进行评价研究，以求取得更好的研究结果。

目录

第一章 绪论

一、研究背景
二、研究目的
三、研究对象
四、研究内容
五、研究过程

一、研究背景

跨境电子商务（简称跨境电商）是指分属不同关境的交易主体，通过电子商务平台达成交易、进行电子支付结算，并通过跨境电商物流及异地仓储送达商品，从而完成交易的一种国际商业活动（施寒潇和毛郁欣，2022）。跨境电商改变了传统贸易的组织方式，呈现出强大的辐射能力与创新活力，被视作外贸新动能培育的主阵地、数字化转型升级的新渠道乃至高水平开放发展的稳定器（王津津和任保平，2023）。伴随着世界主要经济体贸易增速明显放缓，逆全球化思维甚嚣尘上，传统外贸行业面临空前挑战，而跨境电商不受时空限制，交易方式灵活，低成本、高效率，避免了信息不对称，缩短了传统外贸交易链条，拓宽了海外营销渠道，已经成为企业开展国际贸易的重要选择、国产品牌出海的新渠道、外贸创新发展的排头兵，为外贸企业应对国际形势发挥了积极作用（孟涛等，2022）。

中国跨境电商产业的发展在世界范围内处于领先地位，且已经成为拉动经济增长的新引擎，大力发展跨境电商是对“构建以国内大循环为主体、国内国际双循环相互促进的新发展格局”的积极回应，加快推进“智能＋”跨境电商高质量创新发展是贯彻落实习近平总书记提出“推动互联网、大数据、人工智能和实体经济深度融合”以及回应践行党的二十大“推动货物贸易优化升级，创新服务贸易发展机制，发展数字贸易，加快建设贸易强国”的重要举措。2021年国务院办公厅出台了《关于加快发展外贸新业态新模式的意见》，提出“积极支持运用新技术新工具赋能外贸发展”，包括“推广数字智能技术应用”“完善跨境电商发展支持政策”“扎实推进跨境电子商务综合试验区建设”等。2022年商务部发布《关于印发支持外贸稳定发展若干政策措施的通知》，提出“抓紧新设一批市场采购贸易方式试点、进口贸易促进创新示范区、跨境电子商务综合试验区”“进一步发挥跨境电商稳外贸的作用”“出台进一步支持跨境电商海外仓发展的政策措施”“加快出台便利跨境电商出口退换货的税收政策”等。当前，跨境电商发展呈现三大趋势：一是跨境电商市场需求常态化，即国内国际的线上消费习惯已经形成，为跨境电商发展奠定了市场基础；二是跨境电商规则制度化，即跨境电商相关的多双边规则不断完善，为跨境电商发展提供了制度保障；三是跨境电商独立站模式崛起，最近两年，私域流量业态在电商领域兴起，品牌企业在线上建立自主经营的手机应用软件直接触达用户（罗珊珊，2023）。

根据《2022年度中国跨境电商市场数据报告》，在市场规模方面，2022年中国跨境电商市场规模达15.7万亿元，较2021年的14.2万亿元同比增长10.56%，其中2022年中国出口跨境电商市场规模达12.3万亿元，较2021年的11万亿元同比增长11.81%，而进口跨境电商市场规模达3.4万亿元，较2021年的3.2万亿元同比增长6.25%，另外2018—2021年跨境电商市场规模（增速）分别为9万亿元（11.66%）、10.5万亿元（16.66%）、12.5万亿元（19.04%）、14.2万亿元（13.6%）；在交易额方面，2022年中国跨境电商交易额占我国货物贸易进出口总值42.07万亿元的

37.32%，另外2018—2021年跨境电商行业渗透率分别为29.5%、33.29%、38.86%、36.32%；在模式结构方面，2022年中国跨境电商的交易模式中跨境电商B2B交易占比达75.6%，跨境电商B2C交易占比24.4%；在地区行业发展方面，跨境电商行业具有明显的区域性特征，其发展与区域经济发展水平、地理位置及交通等因素密不可分，国内跨境电子商务企业主要分布于深圳、上海、北京、广州和杭州等电子商务发达的地区。

2014年5月10日，习近平总书记考察河南保税物流中心时，勉励河南省朝着“买全球、卖全球”的日标迈进。经过十年的发展，河南省跨境电商取得了较大成就。根据河南省商务厅统计，2023年全省跨境电商进出口额（含快递包裹）2 371.2亿元，同比增长7.3%；其中，快递包裹出口货值8.7亿元，同比增长27.9%；郑州跨境电商进出口额1 253.3亿元、同比增长6.3%，规模占全省总额的53%；周口、鹤壁、安阳3市跨境电商进出口增幅均超过20%；郑州、洛阳、南阳、焦作和许昌5个跨境电商综合试验区进出口额达1 723.9亿元，占全省总额的72.7%（宋敏，2024）。自2016年河南获批首个国家跨境电商综试区至2022年，河南跨境电商进出口从768.6亿元一路跃升至2 209.2亿元，连破1 000亿元、2 000亿元大关，年均增长高达33.8%，实现跨越式发展；与此同时，河南省持续走在跨境电商制度创新的前列，如首创的“1210网购保税进口”模式在全球推广且被世界贸易组织定为“中国方案”，8年时间该模式进口货值增长了159倍，“O2O零售商业模式”让进口商品“立等可取”，为消费者打造出家门口的“万国超市”，“跨境电商零售进口退货中心仓”模式大幅缩短跨境商品退换货时间，破解行业发展难题；创新实施在特殊监管区网购保税进口、直购进口、区域出口、一般出口4种零售进出口模式同区作业的综合监管（孙静，2023）。一系列跨境电商创新成果和经验也对跨境电商领域的全球标准起到了引领和示范作用。

在跨境电商保持较快发展的同时，不可否认存在一些问题：跨境交易环节多，涉及企业和国家监管部门众多，信息不透明；跨境物流环节成本高，时效性弱，退换货物流服务意识差；跨境支付耗时长，安全性低，占用资金多；跨境商品质量难以追溯，责任难以界定。要保证跨境电商持续健康快速发展，研究解决跨境电商问题尤其重要（李海波，2018）。党的十九大报告中明确指出“推动互联网、大数据、人工智能和实体经济深度融合”，党的十二大报告中明确强调“推动货物贸易优化升级，创新服务贸易发展机制，发展数字贸易，加快建设贸易强国”，为跨境电商的发展指明了方向，将互联网、物联网、云计算、大数据、区块链、人工智能等智能技术整合融入跨境电商的发展过程，为跨境电商提供新的发展思路，促进其智能化、便利化、健康化发展。因此，在“智能+”背景下，如何运用新一代智能技术整合资源，促进跨境电商的升级发展，形成可复制、可推广的跨境电商发展“河南方案”，响应“一带一路”倡议，服务国家战略，已成为一个重要的研究课题。

二、研究目的

在新一轮科技革命和产业变革下，跨境电商作为一种新的贸易模式，正在席卷全球，改写传统国际贸易格局，逐渐成为充满活力、发展迅猛的新兴行业。我国跨境电子商务的发展成果渗透到社会经济生活的诸多领域。从消费层面看，跨境电子商务的发展契合居民消费升级的需要；从产业层面看，跨境电子商务的迅猛发展带动了中国中小企业的创新，为中国制造的商品在海外市场塑造品牌形象创造了便利条件（钊阳和戴明峰，2019）。因此，本书在厘清智能技术与跨境电商耦合对接机制的基础上，通过对河南省跨境电商发展先进单位、国内跨境电商发展先进地区等进行实地调研和资料收集，对国外发达地区跨境电商发展情况进行资料收集，以达到以下四个目的。

第一，厘清智能技术与跨境电商之间的耦合对接机制。在梳理总结跨境电商发展演进、跨境电商发展影响因素及效果、跨境电商发展存在问题及对策建议等方面的基础上，明晰跨境电商高质量发展的相关理论，了解区块链、大数据、物联网、人工智能等智能技术的内涵、特征及应用领域，掌握跨境电商生态系统的构成要素、主要环节及运行过程，解释智能技术与跨境交易、跨境支付、跨境物流、跨境溯源等的耦合对接机制，为促进河南省“智能＋”跨境电商发展奠定理论基础。

第二，了解河南省跨境电商的交易规模、基础设施建设、通关监管模式等整体发展现状以及承担郑州市跨境电商发展的核心功能区即郑州跨境电商综试区的发展现状。随着数字经济和数字贸易的发展，跨境电商已成为河南省乃至全国对外贸易发展的新动能。通过对河南省跨境电商发展概况的调研，可以掌握河南省跨境电商发展的优势和薄弱之处、分析传统贸易和跨境电商的异同、剖析信息化与对外贸易之间的作用机制，从而进一步剖析促进河南省跨境电商发展的切实动力和内在机制，以促进河南省跨境电商的高质量创新发展。

第三，了解国内外先进地区跨境电商的发展经验。跨境电商是信息技术与传统贸易的相互融合，河南省作为内陆地区，相对于国内外发达地区在跨境电商发展理念、发展模式、技术应用、政策支持等方面难免有欠缺，而对于国内外先进地区跨境电商发展的经验和做法进行分析，可以为河南省跨境电商的发展提供思路与指导。一方面，国外跨境电商发展的先进经验可为河南省跨境电商的发展提供新理念、新思路；另一方面，国内跨境电商发展的先进地区可为河南省跨境电商的发展提供更具有针对性的经验，以促进河南省跨境电商的便利化、国际化发展。

第四，了解智能技术赋能跨境电商的理论构想和应用实例。新一代信息技术赋能跨境电商发展，既是跨境电商作为新经济方式产生的基础，也是使之不断完善发展的动力。在探索智能技术和跨境电商耦合对接以及了解河南省跨境电商发展概况、国内外先进地区跨境电商发展经验和做法的基础上，进一步分析智能技术与河南省跨境电商相互融合的途径，以切实促进河南省跨境电商的智能化发展。

三、研究对象

跨境电商是“互联网 + 外贸”孕育出的贸易新模式，为外贸转型升级和经济发展提供了新动能。经过多年的发展，跨境电商的运营模式不断丰富，已从初期的 B2B 为主扩展到 B2C、B2B2C、O2O 等多种运营模式并存；跨境电商综试区的建设发展助力打造跨境电商的产业链和生态圈，自由贸易试验区和跨境电商综试区的制度创新叠加优势进一步拓展延伸跨境电商产业链，促进跨境电商的快速发展；新一代信息技术的创新应用和政策环境的改善规范为跨境电商发展赋予了新的活力，进一步促进跨境电商健康可持续发展。因此，立足于发展理念、发展规模、对外开放水平、政策支持、创新成果等方面，本书选取河南省跨境电商发展先进单位和国内跨境电商发展先进地区进行实地调研，并搜集整理分析国内外其他跨境电商发展先进地区或国家的研究资料，深度了解跨境电商的发展情况。

第一，河南省跨境电商研究对象选取。本书选取河南保税物流中心（河南保税集团）、郑州航空港区、郑州跨境电商综试区等河南省跨境电子商务发展先进单位进行实地调研，并与主要相关负责人进行访谈咨询。

河南保税集团总部位于郑州市经济技术开发区，是国家（河南）B型保税物流中心的运营主体，秉承“风未起、我先行”的理念，创新出1210监管模式、“秒通关”信息化系统、多式联运一区多功能模式等成果。

郑州航空港经济综合实验区依托机场、综合保税区等优势资源，打造集保税物流、快递物流、航空物流、公路物流、智能物流、仓储物流、跨境物流等于一体的“智慧物流”完整产业链；依托各类专业口岸优势，全面整合本地花卉、水产品、肉类等资源，开展进出口业务；依托富士康等智能制造企业集聚优势，促进产品迭代更新，推动商品质量提升，承接海外订单、扩大出口。

郑州跨境电商综试区是国务院同意批复的第二批跨境电商综试区之一，其总体要求是“立足郑州、梯次推进、带动全省”，功能定位是“进出口商品集疏交易示范区”“对外贸易转型升级试验区”“监管服务模式创新探索区”“内外贸融合发展实验区”，并在行政审批、税收征管等方面先行先试，为推动全国跨境电子商务协调发展提供了可复制、可推广的经验，丰富和完善了跨境电子商务发展模式。

第二，国内跨境电商发展先进地区的选取。本书选取杭州、武汉两市进行调研学习，重点关注杭州跨境电商综试区的发展情况以及武汉市跨境电子商务发展的先进经验和做法。

杭州跨境电商综试区为全国首个跨境电商综试区，其跨境电商发展的现实基础较为扎实，如产业优势较为突出、园区平台有序布局、综合配套基础扎实、管理服务创新成果显著、组织建设高度保障，是国内跨境电商发展的优势地区；其发展重点是打造全国跨境电子商务创业创新中心、跨境电子商务服务中心和跨境电子商务大数据中心。

武汉跨境电商综试区是国务院同意批复的第三批跨境电商综试区之一。根据湖北省政府印发的《中国（武汉）跨境电子商务综合试验区实施方案》，三年内将建成以“互联网+跨境贸易+综合服务”为主要特征，以出口为主、进出口并举，双向驱动的跨境电子商务创新改革试验区；其发展重点是在东湖高新区、武汉新港空港综合保税区、汉口北市场采购贸易方式试点、天河机场等区域，支持打造各具特色的跨境电商产业园区。

四、研究内容

“智能+”跨境电商发展是数字贸易的重要组成部分，是建设贸易强国的重要任务。为了深入探究智能技术如何赋能跨境电商发展，本书在厘清国内外跨境电商研究现状的基础上，了解促进跨境电商高质量发展的相关理论，揭示智能技术与跨境电商的耦合对接机制，然后整体掌握河南省跨境电商发展现状及存在问题，而后梳理总结国内外地区跨境电商的主要经验和做法，之后对河南省“智能+”跨境电商发展基础进行分析，最后提出河南省“智能 +”跨境电商发展的目标思路、发展路径及具体着力点等。

第一，本书对跨境电商发展演进、影响跨境电商发展的多种因素、跨境电商发展效果、跨境电商发展存在的问题及对策等方面进行回顾，为探究“智能 +”跨境电商发展奠定文献基础。

第二，本书除了国际贸易理论之外，整理了熊彼特创新理论、交易成本理论、产业集群理论、竞争优势理论、信息不对称理论、协同理论、商业生态系统等与跨境电商发展相关的理论，为促进“智能 +”跨境电商高质量发展奠定理论基础。

第三，本书充分掌握区块链、大数据、物联网、人工智能等智能技术的内涵特征及应用领域，结合跨境电商的内涵要素、构成环节以及系统运行过程，探究智能技术与跨境交易、跨境支付、跨境物流、商品溯源等方面的耦合对接机制。

第四，本书选取河南省为样本对象，了解掌握河南省跨境电商发展现状及存在问题。主要从跨境电商的交易规模、平台体系建设、制度创新、产业发展、生态体系建设、对外影响力以及下一步发展重点等方面进行调研访谈和资料收集，拟定访谈提纲，针对不同主体和领域制定主要调研内容。针对河南省跨境电商发展情况的调研，主要从交易规模、制度创新、基础设施建设、产业集聚以及发展过程中的难点等方面进行了资料搜集和调研座谈，了解到河南省跨境电商交易规模、基础设施建设、通关监管创新等方面的整体情况，郑州跨境电商综试区的交易规模、政策体系、通关监管、产业发展等发展情况以及经开区、航空港区和保税物流集团的跨境电商发展情况与其中存在的问题。

第五，本书针对国内外先进地区跨境电商的发展经验进行学习，主要从制度创新、产业发展、政务服务、招商引资等方面进行了资料搜集和调研座谈。了解到国内外跨境电商发展的经验和做法主要包括完善跨境电商发展的政策体系和体制机制、积极推进跨境电商信息化建设、全面提升对外开放水平等方面。

第六，本书在揭示智能技术与跨境电商耦合对接机制的基础上，了解河南省跨境电商发展现状及存在问题，结合国内外先进地区跨境电商发展经验，立足河南省跨境电商发展的政策基础与现实条件，提出河南省“智能 +”跨境电商发展的目标思路、发展路径及具体着力点。

五、研究过程

2019 年 4 月，经过充分的筹备工作，课题组正式成立。调研前期，课题组成员进行了大量文献查阅以及统计年鉴的数据资料收集工作，为后期实地调研访谈奠定基础。2019 年 10 月至 12 月，课题组进行了约为期 2 个月的实地调研工作，截至 2019 年 12 月，课题组已实地考察河南省跨境电商发展的多个先进单位，分别对政府部门、企事业单位、产业园区等主要负责人进行了访谈咨询。资料查阅和调研访谈的主要过程如下。

第一，课题组成员于 2019 年 10 月至 12 月先后赴河南保税物流中心（河南保税集团）、郑州航空港区、郑州跨境电商综试区等河南省跨境电子商务发展先进单位进行实地调研，对相关负责人咨询、访谈，同时查阅浏览河南省商务厅、发改委、统计局等政府官方网站，获得了郑州市跨境电子商务发展和河南省跨境电子商务发展有关的第一手数据资料，掌握了郑州市以及河南省的跨境电子商务发展的整体情况。

第二，课题组成员于 2019 年 11 月 24 日至 29 日相继赴杭州、武汉进行调研学习，重点关注两市在推进跨境电子商务创新发展方面的主要经验和做法。

赴杭州市进行学习调研，着重考察了杭州跨境电商综试区的发展情况，总结出其主要经验和做法包括推进制度创新、推动传统企业转型升级、优化线上综合服务体系、完善跨境电商生态体系、全面提升对外影响力等。

赴武汉市进行学习调研，针对武汉市跨境电子商务发展的先进经验和做法，对武汉市发改委、商务局等相关负责人进行访谈咨询，总结出武汉市在推进跨境电子商务发展方面的经验和做法包括做好E贸易招商工作、打造国际消费中心城市、建设国家商贸物流中心、促进E贸易平台与外贸产业对接、协调相关部门开展监管服务创新等。

第二章 国内外跨境电商研究现状

一、跨境电商发展研究

二、跨境电商发展影响因素研究

三、跨境电商发展效果研究

四、跨境电商发展问题及对策研究

一、跨境电商发展研究

跨境电商本质是利用互联网做外贸，将传统的商务流程电子化、数字化，一方面以电子流代替实物流，可以大量减少人力、物力，降低成本；另一方面突破时间和空间的限制，使得交易活动可以在任何时间、任何地点进行，从而大幅提高效率（钊阳和戴明锋，2019）。据 ECLAC（2002）预测，未来国际贸易体量将大幅提升，这种提升不再依赖于距离要素，这主要得益于电子商务有效解决了交易空间问题。从生产者的角度，互联网为电子商务跨境交易创造了条件（Terzi，2011；唐红涛和张俊英，2014）；从消费者的角度，互联网刺激了个人购买跨境商品的需求；此外，跨境物流的不断成熟也促进了跨境电商发展（Gesner，2015；周勍，2020）。

随着数字技术快速发展和全球化进程不断加深，跨境电商打破经济发展的地理界限，成为国际贸易发展的新业态。2000 年，阿里巴巴国际站、环球资源网等平台开始为外贸企业提供商品或服务的单一信息展示功能，中国跨境电商正式兴起；2004 年敦煌网成立，成为中国首个 B2B 跨境电商交易平台；此后，中国跨境电商在线交易平台迅速发展，进一步满足了中国消费者对某些品牌和商品品类的需求，逐渐由单一销售转向品牌化、多元化经营，成为中国贸易转型、经济发展的新增长点（郭扬，2023）。中国跨境电商所涉及的并不仅是简单的行业发展，更是肩负着外贸企业实现自身结构调整的重要任务。在“一带一路”倡议下，我国跨境电商面临着多重发展机遇，如国家政策大力扶持直接推动跨境电商行业高速增长、沿线国家总体经济发展水平以及国内空前扩张的消费市场使得消费需求逐步扩大、各行业企业可有效深入挖掘市场并创建自有品牌以提升品牌的国际知名度、利用互联网使小订单和小需求不被摈弃且完成与大订单的有效合作以更好保障服务贸易行业满意度、在高效率和低成本的条件下满足不同国家交易过程差异化的需求以促进服务贸易持续发展等（张蓓，2017）。

中国跨境电商发展的驱动力可以归结为宏观、中观和微观三个层面（张慧，2024）。在宏观层面，浓厚中国文化特色的品牌赢得了良好市场口碑、跨境电商行业的政策完善以及“十四五”期间对于推动外贸转型发展的规划目标、跨境电商综试区的不断扩增等都促进了跨境电商发展。在中观层面，中国电商平台的国际化趋势，如阿里巴巴、京东、拼多多不断扩展国际业务，中国品牌走向国际以及第三方卖家崛起等都促进了跨境电商发展。在微观层面，随着年龄、收入水平、受教育程度等方面的变化，消费者对于商品的需求和购买行为也在不断改变，年轻消费者更加注重品质、个性和创意，对于传统商品的购买意愿减弱，而对于具有创新设计和高品质的产品更为青睐，消费趋势的变化为跨境电商的发展提供了更多的机会和空间。

考虑到跨境电商不仅受到政治、经济、社会、文化、技术等多重环境的影响，还受到跨境物流、跨境支付、信用风险管理、专业人才和网络营销等多重环节、多重主体的作用，有学者从跨境物流、跨境支付、平台服务、信用风险管理、专业人才和国际网络营销6个维度设计20个指标来构建跨境电商发展水平评价指标体系（李隽波，2020）。跨境电商的区域协同是指各区域之间业务协作和资源共享，包括同类物种间的横向联盟、不同物种间的纵向联盟以及区域间的互补性协同，有学者构建了含有跨境电商的发展总量、发展质量、发展潜力和结构4个维度11个指标的区域协同型跨境电商发展协同度的测定指标体系，用于分析区域协同型跨境电商生态系统中的跨境电商生态群落（区域）间的协同状态与动态过程以及评价其协同发展的程度（马秀红等，2022）。为了解地区跨境电商发展程度，有学者选取从跨境电商规模指数、跨境电商支持指数和跨境电商潜力指数三个方面构建跨境电商发展水平指标体系，其中跨境电商的规模指数反映的是跨境电商市场自身发展水平、支持指数反映的是对跨境电商发展的支撑程度、潜力指数反映的是跨境电商未来发展的潜力，综合测度跨境电商发展水平（李恺怀，2023）。

二、跨境电商发展影响因素研究

现有关于跨境电商发展影响因素的研究大致可以分为内部因素和外部因素两大类。

在跨境电商发展内部影响因素方面，企业能力和服务水平、企业间竞合关系、从业人员比重等影响了跨境电商发展。黄翔（2023）提出以资本存量在跨境电商产业中的权重、从业人员在跨境电商产业中的权重、能源消耗在跨境电商产业中的权重这三类因素为主。薛朝改（2020）认为跨境电商生态系统内各企业的发展水平（企业能力）以及各企业之间的竞争合作关系（企业关系）等影响跨境电商生态系统的发展。程中海和王小月（2020）认为国际网络营销能力对中国跨境电商出口贸易便利化水平的提升起着至关重要的作用。具体而言，通过互联网技术有效分析商品的供需、价格以及竞争者的能力决定着企业能否走出国门，而线上销售渠道的搭建和广告宣传能力的强弱，则影响着跨境电商出口交易的规模；虽然与国外网络的应用情况关联度较低，但身处信息全球化时代，跨境电商交易能否顺利进行，支付是否畅通，对于国外网络应用水平的要求仍旧很高。王瑞等（2020）构建了跨境电商贸易便利化影响机理模型，运用我国 35 个城市跨境电子商务综试区数据，实证分析了贸易便利化对我国城市跨境电商贸易的影响，结果发现从总体效应来看贸易便利化水平对城市跨境电商贸易具有显著正向影响，基础设施、服务能力和发展潜力等因素影响显著，从时间跨度上看政策力度、互联网普及水平、电商服务水平等贸易便利化因素对跨境电商贸易的影响逐年加强且强于其对普通货物贸易影响。

在跨境电商发展外部影响因素方面，政策环境、经济环境、文化环境、市场环境、技术环境、政治环境、政府服务环境等都影响了跨境电商发展。黄翔（2023）认为外部因素以宏观经济环境、产业竞争环境与制度支撑环境这三类因素为主。薛朝改（2020）认为主要包括政府扶持、经济水平、信息技术以及市场环境等。李恺怀（2023）从与跨境电商发展相关的经济水平、运输能力、服务能力和政府管理四个方面构建跨境电商发展的影响因素体系。张伟年等（2019）认为经济发展阶段、国家对外政策、居民收入水平、居民教育水平、硬件发展水平等影响了跨境电商发展，除了技术层面上的因素之外，国家政策也是不容忽视的重要因素之一，由此选取互联网普及率、电子商务直接就业人数、电商快递数量（物流发展水平）、跨境电商企业数、国家政策等探究对跨境电商发展的影响，结果发现国家政策、互联网普及率和物流发展水平是最重要的影响因素且三者水平的提高可以促进跨境电商的发展。

全球化环境中，能够在不同的文化背景下促成贸易合作变得越来越重要，也就是在跨文化背景下，跨境电商发展要求重视文化差异问题，并对其变化保持敏感度（田广和刘瑜，2021）。Hohenstein（2000）认为电子商务环境和交通基础设施建设情况会对跨境电商发展产生影响，完善跨境电商相关法律法规，规范行业竞争秩序，有助于跨境电商发展。程中海和王小月（2020）认为跨境电商通过计算机网络技术，降低了国际贸易的“冰山成本”，传统的地理距离、时间成本对国际贸易的影响不断减小，贸易便利化的水平将直接影响跨境电商的贸易行为和交易选择。

此外，物流水平和地理距离也影响了跨境电商发展。在物流水平方面，Kim等（2017）重点研究了跨境物流水平对跨境电商的影响，认为物流水平直接影响了跨境电商商品的运输效率，改善和优化物流系统，提高跨境物流运输效率，将会缩短跨境电商消费者时间距离和心理距离。在地理距离方面，Blum和Goldfarb（2006）构建引力模型研究跨境电商的影响因素发现，两国之间的地理距离和跨境电商交易规模呈现负相关，地理距离越大对跨境电商发展产生的影响越大；Gessner和Snodgrass（2015）研究发现跨境电商能够降低与地理距离有关的贸易成本，但是由于语言、文化、风俗习惯造成的差异会使贸易的成本增加，这些因素阻碍了跨境电商的发展；Lendle等（2016）探究地理距离对跨境电商的影响结果与上述研究不同，他们认为基于跨境电商线上交易平台会大大降低搜寻的成本，在这种情况下地理距离并未对跨境电商产生影响，反而认为产品属性、物流成本是影响跨境电商发展的因素。

三、跨境电商发展效果研究

一直以来，跨境电商发展产生的经济社会效应是学界关注的重点内容。已有研究较多以跨境电商综试区设立为准自然实验，运用双重差分法进行实证检验，结果发现跨境电商发展对地区就业创业、进出口贸易、居民消费改善、区域协调发展、地区企业创新、贸易成本降低、经济增长等方面产生了较大作用。

跨境电商发展提高了地区创业就业。林晓怡等（2024）以跨境电商综合试验区的设立为准自然实验，采用双重差分模型考察了跨境电商改革对城市创业活力的影响，研究发现跨境电商改革显著提高了当地新创企业数量，提升了城市创业活力，机制分析表明跨境电商改革主要通过扩大市场规模和优化营商环境的作用机制进而影响城市创业活力，异质性分析表明跨境电商改革的积极作用在中西部地区和市场化发展较低的地区中更明显，且对个体工商户和大中型企业的积极作用更显著。李震等（2023）以跨境电商综合试验区设立涵盖的试点城市为依据，采用多时点双重差分模型考察跨境电商综合试验区的地区就业效应，研究发现跨境电商综合试验区设立显著促进了地区总就业，作用机制分析表明设立跨境电商综合试验区不仅具有显著的出口增长效应，还可以释放企业创业活力以提高劳动力需求，拓展分析发现当地数字经济与电信业务的发展会显著促进跨境电商综合试验区稳定就业效应的发挥，跨境电商综合试验区的就业效应主要源于当地不同产业部门的就业溢出效应，对周围城市的就业溢出并不明显。

跨境电商发展促进了入境旅游经济与进出口贸易。徐保昌等

(2023) 以跨境电商综试区的设立为“准自然实验”，利用双重差分法评估这一政策的效果，结果发现跨境电商综试区设立显著促进了入境旅游发展，通过对外开放效应、互联网建设效应两种机制促进了入境旅游发展，并且跨境电商综试区设立对入境旅游的促进效应存在显著差异性，其政策效果在省会城市更为显著，而在超大城市和特大城市均不显著。唐忠和李晶（2023）利用中国对全球228个国家和地区的跨境电商出口海关数据，运用引力模型的两种形式从规模效益、地理距离及语言障碍三个角度对跨境电商农产品出口进行了比较分析，结果表明跨境电商农产品出口贸易与传统贸易方式相比对出口市场的地理距离和语言障碍、目的国经济规模的敏感性大为降低，互联网发展水平对跨境电商农产品出口有显著的促进作用，异质性分析发现动物性产品受跨境电商模式出口促进作用影响显著，发展中国家受跨境电商促进作用影响显著，跨境电商对地理位置距离越远的国家的农产品出口的作用越显著。周科选等（2023）以中国跨境电商产业政策的实施为研究视角，利用 CEPII - BACI 数据库中 2001—2020 年 HS6 分位层面的中国进口产品数据，运用双重差分法，实证检验了跨境电商产业政策对中国进口产品质量的影响，结果表明跨境电商产业政策对中国进口产品质量有显著的正向影响，在进口来源地发展水平、进口来源地收入水平、进口产品质量水平、进口产品要素密集度等不同的情况下所得结论也呈现出显著异质性，机制检验表明跨境电商产业政策主要通过促进进口学习效应和进口竞争效应来推进中国进口产品质量的提高。

跨境电商发展促进了居民消费改善。唐学朋等（2023）基于中国家庭金融调查（CHFS）微观数据，以国务院批复同意设立第一批和第二批跨境电子商务综合试验区作为准自然实验，采用双重差分法（DID）实证检验了跨境电商发展对居民消费的影响，结果发现跨境电商综试区政策促进了试点城市家庭总消费的增长，且发展型消费提升多于生存型消费，居民消费结构明显改善，机制分析表明跨境电商主要通过促进消费渠道多样化、提升家庭就业率和缓解流动性约束这三个渠道来推动居民消费水平的提升，异质性分析表明跨境电商对交通基础设施更完善、数字金融更发达城镇的高技能年轻劳动力的消费增长效应更显著，而较少惠及欠发达城市或农村地区的弱势人群，可能导致消费不平等问题加剧，此外其对邻近城市和同省城市居民生存型消费的增长具有空间溢出和辐射带动效应，政策红利有待进一步铺开。张洪胜等（2023）构建了涵盖中国30个省市和34个国家的大型一般均衡模型，利用拓展的 Head - Ries 指数测算非对称贸易成本，运用结构估计方法首次量化评估了跨境电商综试区设立的消费者福利增进效应，研究发现综试区设立可以同时提高国内消费者和国外消费者的福利水平；综试区设立的福利增进效应存在明显的地区异质性，东部地区单个综试区建设带来的边际福利增长明显高于中西部地区；由于低收入人群的农产品边际消费倾向更高，综试区设立对高收入人群的福利提升效应更大；总体上地区贸易壁垒越大，综试区建设的福利效应越高；理论机制上，综试区设立通过贸易份额和投入产出关联两个渠道提高消费者福利。

跨境电商发展促进了区域协调发展。张兵兵等（2023）以2015—2019年先后分四批次设立的跨境电商综合试验区为准自然实验，运用双重差分模型识别了其影响区域协调发展的净效应，结果发现跨境电商综合试验区建设能够显著提高设立城市与未设立城市之间的经济周期同步性，这表明跨境电商综合试验区建设能够促进区域协调发展，机制检验表明跨境电商综合试验区建设主要通过制度创新的引领示范效应和资源再配置效应来促进区域协调发展，异质性分析表明跨境电商综合试验区建设对区域协调发展的影响因城市的地域分布、人力资本、金融发展和信息基础设施水平的不同而显著不同。黄先海等（2022）基于长三角2011—2020年41个地级市面板数据，运用多期双重差分法探究跨境电商综试区建设对城乡收入差距的影响，结果发现跨境电商综试区建设显著缩小了城乡收入差距；机制分析发现跨境电商创业活力和生产性服务业的集聚是跨境电商综合试验区影响城乡收入差距缩小的重要作用机制；异质性分析发现相较于后批获准建设城市，前两批城市跨境电商综试区建设对城乡收入差距的缩小影响更加明显，相较于普通城市，副省级城市和直辖市的跨境电商综试区建设对城乡收入差距的缩小影响更加明显。

跨境电商发展推进了区域企业创新。史亚茹和于津平（2023）以跨境电商综合试验区的设立为准自然实验，使用2011—2020年中国上市公司的数据，采用多期双重差分模型考察了跨境电商改革对企业创新能力的影响，研究发现跨境电商改革显著增加了试验区内企业申请专利的数量，机制检验表明这种影响主要通过增加企业利润、促进技术溢出和推动制造业服务业融合等得以实现，异质性分析显示跨境电商改革主要提高了数字基础设施完善、政府资源配置能力强的地区企业的创新能力，在规模较小和创新能力较低的企业中发挥了更加突出的创新激励作用，此外试验区内企业专利申请数量的增加来自自身的净增长，对周边城市的创新存量资源不存在虹吸效应。戴艳娟和沈伟鹏（2024）将跨境电子商务综合试验区建设作为一项准自然实验，采用沪深A股出口企业2007—2020年的数据，运用多期双重差分模型分析发现跨境电子商务综合试验区建设（跨境电商改革）显著促进了试验区出口企业的数字技术发明专利增长，跨境电商改革可以通过降低融资成本和经营成本、提高技术人员占比和高学历人才占比、提升公司治理水平和内部控制质量等路径促进出口企业的数字技术创新，跨境电商改革对融资约束程度较高、地区人力资源丰富、ESG 表现较差、环境不确定性较强的出口企业具有更为显著的数字技术创新促进作用。

跨境电商发展降低了贸易成本。由于不同区域语言、文化等因素的不同，传统国际贸易中买卖双方沟通困难，交易成本高，跨境电商交易中互联网平台提供了多种语言的服务支持，有助于降低沟通成本，提高交易效率，如阿里巴巴、敦煌网等电商平台为外国用户提供了英语、西班牙语、葡萄牙语等多语言网站版本，用户可以通过跨境电商平台提供的沟通工具与商家进行实时交流（唐忠和李晶，2023）。鞠雪楠等（2020）运用中国最大的中小企业跨境电商平台“敦煌网”2013—2016 年的国际、省级和行业级别的跨境出口数据以及相关宏观数据，从出口目的国和出口生产地双重视角判别跨境电商中不同类型的贸易成本对出口贸易的规模及结构影响，实证结果表明跨境电商能够有效降低国际贸易中的固定成本（如市场规模），但对可变成本（如关税）更加敏感，跨境电商有助于克服生产的固定成本，对生产的可变成本（如劳动力成本）更加敏感，互联网发展水平对跨境电商的规模和结构占比均有显著的促进作用，进一步分析表明跨境电商克服了诸多贸易成本因素的阻碍，拓展了贸易边界，同时跨境电商为非沿海省份、高附加值行业提供了国际贸易的新机遇。

跨境电商发展促进了地区经济发展。王利荣和芮莉莉（2022）基于“反事实”视角下的合成控制法和面板数据政策评估方法，运用 67 个城市 2001—2019 年的面板数据，评估了我国设立的第一批和第二批跨境电商综合试验区的经济效应，结果发现第一批杭州综试区对地区经济增长，对外贸易水平以及产业结构升级均有显著的促进作用，而第二批综试区的经济效应主要体现为对外贸易水平的促进作用，对地区经济增长和产业结构的效果不明显，在研究的五个综试区中，内陆地区综试区对外贸易的促进作用显著高于沿海地区综试区。此外，随着中亚地区数字化基础设施的日臻完善、区域物流范式的深刻变化和区域内深层次贸易规制的协同，跨境电商将成为中国和中亚国家推动数字丝绸之路建设的新模式和新动能，中国中亚地区跨境电商大发展，将有助于持续缩短区域经贸联系的时空距离，从长远看则将形塑区域贸易形态和产业链分工关系（王玉柱和冯家上，2023）。

四、跨境电商发展问题及对策研究

在当前复杂多变的国际贸易环境中，跨境电商更是以高成长的确定性积极应对外部市场的不确定性，彰显出巨大的市场活力和增长韧性，为全球经济贸易发展注入了新动能（张国钧，2023）。然而，当前跨境电商发展在物流协同、税收征管、监管滞后、跨境支付、人才培养等方面存在一些问题挑战。

跨境电商发展在物流协同方面存在一些问题。跨境物流制约跨境电商发展，主要体现在物流成本高、运输时间长、货物损毁和逆向物流难度大（李海波，2018）。魏浩和王超男（2021）认为跨境电商进口的最大压力已经演变为物流成本较高的问题，具体表现为三个方面：一是由于每一种商品都要从国外运送到国内，再直接送到消费者手中，海外直邮的物流模式要通过境外快递、跨境快递和境内快递三种方式才能运送到消费者手中，每一种商品都不可避免地办理一次跨境清关手续，与一般的国内快递相比，海外直邮所需的物流时间更长，运输成本也更高；二是保税进口物流模式往往会提前将商品批量采购、运到保税仓库，虽然降低了每一种商品的运输成本，但是保税仓库的建设费用和存储费用都是成本，与国内的电商相比，保税进口物流模式涉及的物流时间和成本仍然很高；三是海外直邮和保税进口的物流模式都需要通过国内快递进行运输，中国当前的物流体系不是很完善，货物配送途中花费的时间较长，物件破损甚至丢失的可能性较大。

跨境电商发展在税收征管方面存在一些问题。张国钧（2023）通过对全国和厦门市跨境电商发展进行实地调研和数据分析，发现跨境电商税收征管存在申报人与纳税人差异性、计税价格失真、核定征收企业占比较低、监管部门数据孤岛、国内外管理不匹配、征管便利化及国际税收风险等挑战，有必要从加大跨境电商扶持政策、如实审定计税价格、优化核定征收、建设统一集成的数据链、提高税收遵从意愿、提升合规发展能力、加强国际税收征管合作等方面完善跨境电商税收征管，促进跨境电商高质量发展。

跨境电商发展在监督管理方面存在一些问题。一般来说，跨境货物涉及主体比较多，包括提供货源企业（制造商或者代理商）、电商企业（平台商家或者职业买手）、物流企业，以及关、检、汇、税等监管部门，每一个主体的失职都将造成产品质量问题（李海波，2018）。魏浩和涂悦（2023）认为中国跨境电商零售进口业务仍存在监管制度不完善和监管水平滞后的问题，如尚未建立起一套相对完整的跨境电商法律体系、监管部门共享机制未完全建立、信息化技术应用不充分使得监管效率不高等。张顺等（2020）认为目前中国跨境电商平台存在的线上线下监管脱节、跨国境监管追溯难、不同跨境电商模式缺乏针对性规制等问题，而在跨境电商食品安全监管中主要存在食品经销市场准入门槛低、专门化的跨境电商平台食品安全监管制度缺失、食品运输的“长链条”加剧食品安全风险等监管困境。

跨境电商发展在诚信体系建设和跨境支付等方面存在一些问题。现阶段中国跨境电子商务的支付方式主要存在欺诈风险、交易风险以及资金风险等各种风险，其中交易风险是最常见的风险（王飞，2019）。魏浩和涂悦（2023）认为中国跨境电商零售进口行业的诚信体系建设仍不完善，缺乏有效的守信激励机制和失信惩罚机制，失信事件频繁发生，主要表现为产品真假混卖，产品质量参差不齐，虚假宣传严重，售后处理消极，跨境支付安全存在隐患，部分跨境电商零售进口平台的支付系统存在安全漏洞，消费者的资金损失难以追回等。目前在对跨境电商提供的跨境电子支付方面仍存在不少的问题，比如垄断问题、资金安全问题、成本效率问题、反洗钱问题等（翁东玲，2018）。

跨境电商发展在人才供需方面存在一定问题。跨境电商作为新的贸易形式，涉及贸易、金融、物流、信息化、物流等多个方面的知识，急切需要复合型人才和实践型人才（钊阳和戴明锋，2019）。魏浩和王超男（2021）认为跨境商务人才出现缺口的主要原因在于跨境商务人才的培养速度较为缓慢、已有跨境商务人才并不符合行业和企业的标准、从事跨境电商进口专业教学工作的高校教师严重缺乏等。张崇辉等（2020）利用248家中小型跨境电商企业的微观数据，通过构建基于Gamma分布的GLS模型对人才需求特征和影响因素进行了分析，结果表明跨境电商企业人才需求呈现出缺口大、需求结构矛盾突出、技能需求差异大、专业诉求以商科为主四大特征，企业现有人才数量、离职率、合作的科研院校数量、复合型人才需求强度和人均受教育年限是企业人才需求的共性影响因素，此外跨境电商交易企业“留人难”问题逐步加剧，关键性经营要素仍需通过外包或高端复合型人才实现转化，服务企业和平台企业正逐步融合，高学历、低流动性和复合型人才弱需求是现阶段主要表征。

随着经济全球化和数字技术进步，跨境电商已成为驱动国际贸易转型发展的重要因素，对构建国内国际双循环相互促进的新发展格局具有重要意义（王志盼，2022）。已有研究较多强调充分利用数字技术赋能跨境电商发展、拓宽线上服务功能促进跨境电商服务升级、探索建立新型国际贸易标准规则掌握新型国际贸易话语权和制高点等。

智能技术、数字技术赋能跨境电商发展。跨境电商高质量发展的创新驱动要以云计算、大数据、物联网、人工智能等数字技术、智能技术为依托，以数据为关键要素，加快跨境电商产业服务链科技创新：一是加快数字技术与国际贸易各领域、各环节渗透融合，改变国际贸易传统模式，创新跨境交易模式，培育新市场和新增长点；二是将新型数字技术广泛运用于跨境贸易的生产、物流和支付等环节，提升跨境电商企业效率；三是加强数字技术在跨境电商的选品、消费群体识别与偏好预测、物流配送等方面的应用，实现跨境电商的精准运营管理活动，促进跨境电商的可持续发展（孟涛等，2022）。

拓宽线上服务功能打造升级版跨境电商综合服务体系。在完善跨境电商综试区“单一窗口”平台功能基础上，不断拓展政务服务和综合服务功能，通过打破信息壁垒和信息共享，完全实现企业、监管部门和服务机构等信息互联互通，具体而言，建立和完善信息共享、金融服务、智能物流、电商诚信、统计监测和风险防控等六体系，将其功能全部纳入“单一窗口”平台，为政府相关部门提供监管和风险防控，为跨境电商相关企业和个人提供金融和物流等供应链商务服务（韦大宇和张建民，2019）。

建立完善全球跨境电商贸易规则促进跨境电商新型业态模式的发展。打造跨境电商综试区升级版，可以选择在杭州或郑州等跨境电商基础扎实的城市探索建立新型国际贸易组织和平台，引领制定国际贸易新规则，如中国（郑州）跨境电商综试区则可以通过推进 EWTO（电子国际贸易组织）核心功能集聚区建设，探索在 WTO 现有贸易规则框架中逐步形成新的 E 国际贸易关税协定、海关规则与监管、商品质量管理和贸易服务等规范和制度，为全球跨境电商贸易规则提供中国方案（韦大宇和张建民，2019）。

加快物流基础设施建设促进跨境物流与跨境电商协同发展。物流的相关基础设施包括五个方面的内容，即物流仓储设施、物流线路设施、物流节点设施、物流园区设施和物流信息化基础设施。在跨境电商进口领域，一是加大物流仓储设施建设，鼓励各大跨境进口电商平台共同建立保税进口仓库，平摊存储费用、降低运营风险；二是加快物流线路设施建设，保税进口和海外直邮的物流模式都需加快国内物流线路建设，应全面加快海陆空物流线路建设，构建多式联运的格局，同时各大快递公司也应该及时更新运输工具，节省物流成本；三是增加物流节点设施的建设，事实上我国沿海的港口较多，内陆港口较少，为了便利内陆地区的跨境贸易，应增加内陆地区的港口数量；四是加快物流园区设施建设，跨境电商进口的商品都要在物流园区分拣，为了缩短物流时间，及时更新物流园区的设施，十分有必要使用较为先进的分拣方法；五是加快物流信息化基础设施建设，海外直邮的物流模式可基于区块链数据的可追溯特性和时间戳技术，结合物联网技术，建立跨境货物仓储和运输全程监控系统，从而实现对海外直邮商品的全程追踪，方便跨境电商平台掌握每一种商品的物流动态（魏浩和王超男，2021）。

培养跨境电商专业化人才助力跨境电商发展。满足新型跨境电商的复合型人才需求，需要政府、高校及企业三方合力，共同培养跨境电商人才，弥补社会上跨境电商人才的空缺，解决双循环新发展格局下人才供求的矛盾，如政府稳定人才市场需求、高校建立和完善高校跨境电商课程、企业加强员工技术培训等（李淑君，2023）。高校是创新创业人才培育的主阵地，高校培养跨境电商物流人才可从突破理念、增加保障措施等方面入手，调动政府、学校与企业等相关主体的积极性，结合地方特点建设特色跨境电商物流人才培养模式，从宏观层面来看，高校跨境电商物流人才培养要规范产学合作，政府主体要增加专业建设投入，从微观层面来看，高校企业与学生组织主体要采取有效策略，深化校企合作，创新人才培养模式，加强中外合作，优化师资团队建设，推进校园创新实践项目的培育（陈翠翠和侯瑾，2023）。

第三章 跨境电商高质量发展的理论基础

一、熊彼特创新理论

熊彼特创新理论包括开发新产品、使用新生产方法、发现新市场、发现新原料、创建新产业组织等，数字智能技术可以在组织管理创新、价值创造、渠道重构等方面促进跨境电商高质量发展（孟涛等，2022）。“技术创新思想”是熊彼特创新理论体系的核心内容，这一理论体系在《经济周期》《经济发展理论》和《资本主义社会主义与民主》三本著作中都得到了充分的体现（金杭滨，2023）。

跨境电商实现了“智能 + 贸易”“数字 + 贸易”的技术创新，一方面可以促进生产要素在国家之间的流通，降低企业生产经营成本，另一方面又能提振经济效益，优化产业结构（赵晓梅，2023）。在跨境电商的组织管理方面，数字智能技术改变了跨境电商中的组织结构、管理方式等，组织结构呈现扁平化特征，管理方式更加灵活；在跨境电商的价值创造方面，数字经济通过国内外消费者数据与供应链的深度融合，实现了商品与消费的全方位精准对接，从过去的单一增值点延展到价值增值面，从而产生了新的规模经济，为跨境电商创造了价值增值空间，实现了跨境电商高质量发展；在跨境电商的渠道重构方面，借助数字智能平台，以数字化智能化方式整合产业链上下游资源，打通了跨国贸易的货源、流通与支付等全链条体系，使得跨国贸易渠道更为便捷（孟涛等，2022）。

二、交易成本理论

科斯（R. H. Coase）提出的交易成本理论主要是指完成交易所花费的成本，即交易成本理论认为市场上存在着各种交易成本，这些交易成本包括市场进入成本、退出成本、交易税、信息搜寻成本以及交易时间成本等（刘曦，2023）。国际贸易交易成本存在于产权界定、转手、让渡过程中，数字经济改变了传统的国际贸易方式，通过降低跨境电商的信息搜寻成本、协同成本、投融资成本，重塑了交易成本的内涵，降低了跨境电商的交易成本（孟涛等，2022）。

在信息搜寻沟通成本方面，充分运用数字智能技术，供给方可以在高效便捷地获取消费者信息基础上进行大数据挖掘，通过引入搜寻平台，改善搜寻机制，提高搜寻效率，实现全天候、零时差、零距离的数字化沟通，直接签订数字化合约，从而极大地促进信息沟通的时效性、精准性、便捷性，降低跨境电商的谈判、签约、监督等信息搜寻沟通成本。在协同成本方面，数字智能技术可以改变跨境电商上下游的产品研发、生产制造、组织管理等环节，提升组织间协调能力，通过跨境电商间的协同共享，为跨境电商创造更好的条件，从而节约跨境电商协同成本；在投融资成本方面，依托数字智能技术创新发展数字化金融，实现数字化投融资方式，可以为跨境电商提供高效、快捷的融资渠道（孟涛等，2022）。如区块链技术应用于跨境电子商务可视为减少交易成本的一个机会，从整体上看，区块链系统中的每个主体都保持稳定的交易关系；从部分上看，在信息搜寻成本方面，区块链存储的各种信息是公开透明的，不能被伪造，可以自由搜索和查看，从而减少信息搜寻的费用。在谈判和决策费用方面，区块链点对点的数据传输技术，使得双方可以直接沟通，不需要第三方即可进行交易，从而减少交易成本（孙宁悦，2023）。

三、产业集群理论

在一个合适的较大的区域，将与某几个同类企业相匹配的上下游企业和与之有关的生产性服务业，高度地集中，从而构成了一种产业集群，也就是说，在一定程度上，产业集群形成了以区域集聚为中心的发展态势（张晓雯，2023）。在产业集群中，上下游产业通过相互联系形成一种网络关系，这种地区产业聚集，一方面使同业间竞争加剧，但另一方面也会缩短产业间交流渠道，促进产业创新速度提升，由此可以推动产业创新与升级，引领地区经济水平的高质量发展（刘曦，2023）。跨境电商综试区就是典型的产业集群，而且相比于一般的产业集群，如产业基地、经济开发区和工业园区等表现形式，跨境电商综试区是党中央、国务院以深化改革、扩大开放为方向的重大决策部署，具有高度的政策优先级，因此在理论上跨境电商综试区能够通过形成产业集群而间接促进区域经济增长（张晓雯，2023）。

从2015年设立首个杭州跨境电商综试区成立至今，通过不断地努力与建设，中国跨境电子商务综试区成果良好。在产业集聚度方面，随着综试区工作的不断深入推进，各地区对跨境电商的重视程度越来越高，跨境电商的相关政策也陆续出台。其中，跨境电子商务平台的聚集尤为显著，中国跨境电子商务综试区吸引和聚集一大批跨境电子商务平台等，如杭州综试区已汇聚多家跨境电商平台，包括京东全球购、敦煌网、亚马逊以及 eBay 等中外著名跨境电商平台。在跨境电商物流方面，跨境电商综试区建设非常重视跨境电商物流全流程服务，在近年来的持续发展过程中，逐步建设成为一个适宜跨境电商物流企业聚集的良好区域，奠定了良好的经济发展基础。在产业集群效应方面，综试区各城市之间具有良好的地理区位优势和资源互补关系，通过对各个城市间的协同作用可以有效整合区域内部各类要素资源，推动地区经济社会快速发展。如上海综试区则以第三方支付平台搭建起了全球范围内的跨境支付体系。此外，还提出了构建区域内跨境电子商务协同服务体系的设想，以进一步发挥各方面优势资源作用，推动区域跨境电商产业整体快速健康发展（刘曦，2023）。

四、竞争优势理论

竞争优势理论是美国哈佛大学商学院教授迈克尔·波特（Michael E. Porter）提出的，是对传统比较优势理论的补充。在传统外贸受阻的行业背景下，政府对跨境电商的支持可以使企业获得竞争优势。

在生产要素层面，信息技术飞速发展，已经成为影响企业运营效率的关键，在跨境电商中引入先进的技术元素，能够提高各种资源要素的使用效率，提高企业的竞争力。在需求层面，随着智能技术日新月异的发展，跨境电商平台能够跨越国界将各种商品以多样化的形式呈现在用户面前。在相关配套支持层面，产业的发展必须相互依托，无法孤立生存。随着我国跨境电商平台在物流、支付等相关体系的完善，在节约企业成本的同时，其服务质量及效率较传统贸易显著提高。跨境电商、跨境支付和跨境物流等相互依托辅助，共同促进跨境电商企业竞争力的提高。在公司的战略、组织以及竞争层面，一个国家的国际地位离不开企业的竞争力提升，相反，企业的发展也离不开国家的整体规划。可以说，国家与企业竞争力的发展方向应该是大概一致的。企业应该站在国家发展的角度来确定自身的战略目标，利用自身的优势提升竞争力；国家也在鼓励企业积极参与国际业务，与国际企业角逐。跨境电商是企业参与国际竞争、创造竞争优势的一种比较可信的方式，发展跨境电商的企业也势必得到国家的支持。在政府层面，积极的政府政策能够为企业带来发展资源和机会，带动企业的飞速发展。近年来，中国对跨境电商的支持力度越来越大，国家积极完善相关政策法规，为企业发展跨境电商提供了良好的环境，得益于电子商务试点规模和范围的扩大，企业的竞争优势得到了一定程度的提高（孙宁悦，2023）。

五、信息不对称理论

信息不对称理论是指在市场经济和日常生活中普遍存在的，不同主体掌握的信息不对等的现象。每个主体在市场上掌握的信息是不对等的，信息的不对等使各个主体处于不平等的位置，处于有利位置的主体掌握了大量的信息，而处于不利位置的则是掌握信息少的主体。道德风险和逆向选择是信息不对称的主要表现形式，道德风险主要是出于机会主义心理，信息拥有者在损害信息缺乏者利益的情况下，利用所掌握的信息，为自己谋取利益；逆向选择是指市场中的主体由于信息不对称，导致劣质品取代优质品的现象，从而降低了市场的整体效率（姜旭男，2020）。

信息不对称理论是智能技术应用于跨境电商的理论支持。在跨境电商中，产品信息来源于供方，物流信息来源于物流企业，支付信息来源于银行等交易机构，众多信息来源不一。如区块链作为一种分布式记账技术，将所有的用户信息写入一个区块链系统，用户可以查看和使用信息，这样的去中心化系统，提高了参与度，将产品、物流和支付等信息进行了整合，使资源得到优化配置，信息不对称的影响在一定范围内得到消除（孙宁悦，2023）。天猫国际在 2017 年开始启动全球原产地溯源计划，在 2018 年 2 月与菜鸟网络共同启用区块链追踪跨境产品，利用区块链实现了产品从生产到运输，再到通关检验的信息全上链，并使跨境产品都拥有唯一的数字标签；京东在 2018 年 3 月推出了基于区块链的防伪追溯平台，覆盖生鲜、母婴等领域，并在“618”期间正式启用，产品涵盖范围也在不断扩大，消费者在京东购买跨境产品，可以通过扫描上面的溯源码，查询产品的信息；苏宁在 2019 年的双十一期间使用区块链溯源技术，避免海淘产品造假的现象；沃尔玛和 IBM 合作开发基于区块链的解决食品安全的方案，实现食品从农场到商店的全面跟踪，2019 年 9 月要求旗下沃尔玛超市和山姆会员商店的生鲜蔬菜供应商必须使用区块链，从而实现食品的溯源（姜旭男，2020）。

六、协同理论

1965年美国战略管理学家Ansoff首次提出了“协同”的概念，并将其用于公司治理，并确立协同的经济学含义，即公司整体的价值大于各个分部价值的加总（Ansoff，1970）。20世纪70年代，德国物理学家Haken在信息论、突变论、控制论、耗散结构理论的基础上，结合激光物理实验研究，创立协同理论，其研究的内容横跨了自然科学和社会科学，以一种普适的方法探究系统由无序转变为有序的过程（赫尔曼·哈肯，2005）。协同理论认为，开放系统是处于动态变化之中，当达到一定条件时，系统从无序变为有序，当条件变化时，有序状态消失，系统重新回归到无序的状态（Hermann，2006）。哈肯认为在开放的系统中有许多个子系统，如果子系统内部以及各个子系统之间能够进行良好的协调合作，就会产生比子系统简单叠加更大的效应。协同理论主要目的在于解释性质不同的各个子系统是如何加以合作，使整个开放系统产生“自组织”，从而实现高效、有序的发展（赫尔曼·哈肯，1988）。

立足于这一理论，在探索商业模式优化的过程中，可以将视角放在商业模式中各要素如何实现更好的协作以及配合，让商业模式实现更大的价值，为企业提高竞争力。在跨境电商商业模式中，可以将运营平台、供应链、物流系统看作是企业的能力要素，这些要素实现良好的配合时便能够产生协同，使商业模式展现出更好的效果。在跨境电商企业中，受到协同理念的驱动，跨境贸易从业者全面提升信息化水平，通过组织间合作、业务流程整合等方式可以实现全产业链的信息协同。从信息流出发，利用信息流带来的价值，企业可以使全产业链产生协同，优化其商业模式。如通过上下游企业的整合，进而取得对原材料的控制而降低成本以此产生的经营协同效应；通过新技术的应用提升商业模式内各子系统的配合度，加快处理异常事务的速度，提升竞争力等（周山莉，2022）。

七、商业生态系统

英国生态学家 Tansley（1945）认为，在自然界的时间和空间里，生态系统由物种、群落、环境以及它们之间的互动关系共同构成。Moore（1944）首次将商业生态系统的概念运用在公司管理活动上。商业生态系统是企业基于自身利益，由各个企业以及企业之间的关系而构成的经济联合体。系统内企业之间协同合作，并且受系统内外部因素影响，进而选择相应的发展战略。Preice（2009）等认为商业生态系统是由生物因素、非生物因素以及环境共同构成的遍布全球的网络生态系统，系统内各成员相互依赖、相互合作来促进自身发展。

商业生态系统是在内外部影响因素下，各企业协同合作、相互影响而构成的经济联合体。具体而言，可以将商业生态系统分为三个子系统；其中，包括环境支持系统（种群所有者、风险承担单位、权力机构等）、核心供应链系统（核心企业、配套企业、供应商、分销商以及消费者等）、宏观环境系统（社会、自然等外部环境）；各个子系统并非单独存在，子系统之间进行物质交换、信息资源共享等来促进自身发展，并且在子系统内部，各组成要素协同合作，进而促进系统持续稳定发展（刘雨彤，2023）。Kim 等（2010）认为电商生态系统是由各个供应商、消费者、支付企业、物流企业等构成的经济联合体；通过增强企业彼此间合作关系，使之成为共生企业，企业会产生合作利润，系统也会更加稳定。孙丽云（2011）从交易流程角度出发，将传统国际贸易与国际电子商务进行对比，结果发现传统国际贸易物流周转慢、商品周转时间长、支付手段单一，国际电子商务在交易环节、物流环节上具有一定优越性。邵阔义（2012）认为跨境电商生态系统与其他生态系统一样，会经历出生、扩张、发展以及衰退的过程，为了适应环境变化，系统内各物种之间进行竞争或合作，并且不断自我更新以免被淘汰。

第四章 智能技术与跨境电商的耦合对接机制研究

数字经济视域下跨境电商高质量发展，核心技术是最大的“命门”，跨境电商企业已经普遍认识到智能技术对经营的重要性，但是借助最新的智能技术开展业务还不够，缺乏深入的、持续的业务改进（孟涛等，2022）。因此，需要了解智能技术的特征、跨境电商的构成要素与运行环节，探究两者的耦合对接机制，为“智能＋”跨境电商发展提供基础。

一、智能技术相关研究

智能时代的来临源于智能技术的突破和大数据发展的强劲动力，它是适应社会发展需要的产物，是网络时代、大数据时代和人工智能时代的高度统一（李娟和李卓，2019）。基于智能技术的发展，人类社会从简单的单项信息获取、双向信息互动正式向万物互联转变，在这个转变的过程中每个社会个体对于智能从感知到认识再到运用的整体过程，共同构建了智能时代（周佑勇，2019）。智能时代的主要特征：网络是智能时代的基础，数据是智能时代的核心要素，计算是智能时代的能力，密码是智能时代的基因（李娟和李卓，2019），核心技术有大数据、物联网、人工智能、区块链、互联网、云计算等。

（一）区块链技术

1. 区块链的内涵

（1）区块链的概念

区块链（Blockchain）的概念最早可以追溯到2008年末，一位名叫“中本聪”的人发表了一篇论文《比特币：一种点对点的电子现金系统》，比特币是一种去中心化数字货币，支持其发展的底层技术是区块链技术。区块链的本质是一种去中心化的数据库（也被称为分布式账本系统），即通过密码算法将数据区块按照发生时间的前后顺序以链条的方式组合成的特定数据链，并以分布存储的方式进行数据存储的一种技术。

第一，区块链是一个分布式数据库，分布在点对点网络的每一个节点上（计算机），每一个节点（计算机）拥有一套完整的区块链数据库，从技术角度看，所有节点是平等的、分布式的，没有中心化的节点。

第二，每个节点上（计算机）的数据库是一条由一个个区块所形成的链，第一个区块记录着它创立时那个时间点网络上所有的交易数据，叫创始区块，下一个时间段形成一个新的区块，链接在创始区块后面，如此延续，形成一个存储着网络上所有交易数据的长长的“区块链”。

第三，每个节点（计算机）都是平等的，分布式网络（分布式节点）必须运用共识机制确定由哪一个节点来生成新的区块。同时，为了保证数据的安全性和不可篡改，区块链上存储的数据通常运用哈希算法、非对称加密、数字签名等数据加密技术进行加密。并且，为了实现区块链操作得更加自动化，将智能合约技术嵌入区块链，当条件得到满足时即可触发并自动执行合约。

（2）区块链的特征

区块链是一系列核心技术的综合体，包含的核心技术有点对点传输（P2P 技术）、时间戳、共识机制、非对称加密、智能合约等技术，其特征包括去中心化、去信任化、可追溯性等（刘歆玥，2019）。

第一，去中心化。区块链技术是一种分布式存储，不依赖额外的第三方管理机构或硬件设施，没有中心化的管理机构，任意节点具有相等的权利和义务，每个节点参与主体都可以平等地参与信息存储、交换等，而不存在单一节点的排他控制权。

第二，去信任化。数据库和整个系统的运作是公开透明的，在系统的规则和时间范围内，节点之间无法彼此欺骗，所有节点之间无需信任也可以进行交易，同时每笔交易都会被真实记录，以防止数据被控制和篡改，可以有效避免信任主体的违规行为。

第三，匿名性。由于节点之间的交换遵循固定的算法，其数据交换是无需信任的（区块链中的程序规则会自行判断活动是否有效），因此交易双方无需通过公开身份的方式让对方自己产生信任。

第四，自治性。区块链采用基于协商一致的规范和协议（比如一套公开透明的算法）使得整个系统中的所有节点能够在去信任的环境下自由安全地交换数据，使得对“人”的信任改成了对机器的信任，任何人为的干预不起作用。

第五，可追溯性。“区块 + 链 = 时间戳”的数据结构提供了一个数据库的完整历史，并为每一个区块数据加盖时间戳。每个主体可以追本溯源查找记录、验证每一笔数据，区块记录和时间戳可作为数据的存在性证明。

第六，不可篡改性。每个节点包含相同的所有数据信息，数据一旦记录不可篡改，只要不能同时掌控全部数据节点的 51%，就无法肆意操控修改网络数据，这使区块链本身变得相对安全，避免了主观人为的数据变更。

2. 区块链的核心技术

区块链是一系列核心技术的综合体，包含的核心技术有分布式存储、时间戳、共识机制、非对称加密、智能合约等技术（孙妍，2019）。

第一，分布式存储。分布式存储指区块链系统中的数据并不像当前的数据存储一样存储在一个或者几个特定的数据库当中，而是储存在所有参与区块链系统主体的计算机当中，这种分散的存储是区块链技术具有去中心化特征的主要原因。由于区块链中的每个节点都可以参与到系统的运作当中，并存有区块链中的所有数据，所以即使某个主体导致信息数据出现问题，这也不会影响到整个区块链的运行，因为其他节点仍保留真实的数据，这就使得单一节点无法影响到存储的数据。信息一经验证就能够添加在区块链中，并且可以永久地保存下来，除非可以在同一时间管控区块链系统中节点的51%，不然单个的节点是不能对区块链数据库中的数据进行修改的，因此区块链当中的数据有很高的稳定性、可靠性，能够被区块链参与者所信任。

第二，点对点传输。点对点传输又称点对点技术（peer-to-peer，简称P2P）以及对等互联网络技术，是一种网络新技术，依赖网络中参与者的计算能力和带宽，而不是把依赖都聚集在较少的几台服务器上。点对点技术以点对点的连接方式，把各个计算机连接起来，这种点对点传输的网络结构形式通常为远程网络和大城市网络所采用，网络的拓扑结构有星形、环形、树形和网状形等。

第三，时间戳技术。时间戳技术在区块链系统中对系统内的所有数据都赋予了时间维度。也就是说，在区块链中所有的交易信息都被按照时间顺序加盖了时间戳。这就使得所有保存在区块链中的交易信息按时间顺序永久保存在区块链系统中。时间戳技术对交易数据赋予了时间维度使得区块链技术有了可追溯性的特征。除此之外，如果加盖时间戳的交易数据被人为篡改，那么被篡改的数据就会变成一个无效数据，因而时间戳技术是使区块链成为一个不可篡改的数据库系统的重要保障。

第四，共识机制。共识机制是使区块链中各个节点达成一致性的算法。交易过程中的认证也是通过特定的加密手段以及数学中的某种“共识协议”来完成的，该协议可以确定更新的账本采用的规则，这使得相互没有特别深信任的参与者，可以进行协作却又不用依靠单个的可以信任的第三方机构。因此，经济学家认为区块链可以被称作“信任机器”，在区块链中的参与者，能够随时地访问以及查询账本。假设甲希望与乙进行交易，甲不需要通过第三方机构去查验乙的诚信情况，只需通过查看乙的所有区块链交易记录，查看乙是否存在过不良的交易记录，由区块链的过往数据来判断是否可以与乙进行合作。区块链随着时间的推进，相关交易记录也会不断增加。共识机制可以使所有参与者认可新增加的区块，对所有的新增数据建立信任，使区块链中的信息被区块链参与者无条件信任。

第五，非对称加密技术。非对称加密技术是区块链能够保证数据安全性的重要技术保障，非对称加密技术是采用接收方公开密钥和接收方私有密钥对区块链中的数据进行加密和解密，接收方公开密钥和接收方私有密钥是自动生成的密钥对。区块链系统内的信息是以广播的形式发出的，接收方公开密钥对区块链中的所有节点公开，而接收方私有密钥则非公开，当接收方需要加密的相关数据信息时，需要使用对应的接收方私有密钥进行解密。由于接受方公开密钥和接受方私有密钥的存在使得区块链的非对称加密技术相较于传统的加密技术而言提升了区块链系统内数据的安全性。

第六，智能合约。智能合约是通过编程语言来执行合约的。首先，通过编程手段将交易双方的要求进行设定，设置对应的触发条件。在执行合约时，只有当先前设置的触发条件被满足时，智能合约才会被自动触发。这种自动触发系统使得合约不会被轻易改变。智能合约的自动触发机制使得所有的交易合约都会在满足事先规定的条件后自动触发，这使得交易更为平等便捷。智能合约的自动化使用，就是自动地运行计算机程序中的流程以及使得支付变为自动化，从而使智能合约的使用能够提高交易效率。

3. 区块链在商贸领域中的应用

区块链技术结合物联网技术、大数据技术等应用于商业贸易活动中的交易环节、流通环节、支付环节等，以促进商贸活动的高效、安全、便利化发展。

(1) 交易环节

区块链技术运用于商贸活动的交易环节可体现交易信息的准确和透明。由于商业保密需要，贸易链上的环节并不透明，银行只能看到贸易的上家和下家，并不能看到全貌。如果有交易主体将同一批货物与不同的公司之间签订合同，去不同的银行进行贸易融资，而银行之间也没有互通的验证网络，只要物流或仓储信息真实，银行往往不能识别其中的隐藏风险。

区块链技术具有的不可篡改、去中心化、公开透明的特点，可充分应用于商贸活动的交易环节，以保证交易信息的准确和透明。具体而言，首先，记录在区块链上的所有信息对全网成员实时公开，包括各级监管机构，从根本上解决交易数据不透明的问题；其次，由于区块链的数据透明性，只要是登记在区块链上的仓单，其是否已经有抵押，对所有主体都是一目了然，并且可以通过计算机代码（即智能合约）的形式将抵押的仓单冻结于区块链系统中，而不再具备流通的条件；最后，在贸易流程过程中运用智能合约技术，一旦合同签署等条件齐备，便可以通过条件触发自动执行，银行自动发出信用证信息，待到价格信息触发，则自动进行银行议付和承兑，到了付款日则自动扣款和划转款项，杜绝了恶意违约和中断合同执行。

（2）流通环节

区块链技术运用于商贸活动的流通环节，可体现在流通过程中的实时监控。传统的商品流通一般通过第三方专业机构检测和实时物流信息跟踪等方式向用户进行担保，但是即便如此仍存在商品在运输过程中丢失或质量合格证书伪造等情况。

区块链技术与物联网技术、大数据技术等相结合，应用于商品流通环节，可以实现商品流通的实时监控。商品每一个流通环节的信息都被分配到各相应区块中，任何生成的信息都被永久性记录且无法篡改，从而代替了传统的检测及跟踪体系，避免了各流通环节记录的冗余性和不准确性，实现了商品从供应商到在线商店最终到用户的全程自动化及数字化的检测跟踪。

（3）支付环节

区块链技术运用于商贸活动的支付环节，可体现在支付效率和可信度的提高。现阶段商业贸易的交易支付、清算都要借助银行体系。这种传统方式进行的交易要经过开户行、对手行、清算组织、境外银行（代理行或本行境外分支机构）等多个组织及较为繁冗的处理流程。在此过程中每一个机构都有自己的账务系统，彼此之间需要建立代理关系；每笔交易需要在本银行记录，与交易对手进行清算和对账等，导致整个过程花费时间较长、使用成本较高。

基于区块链的支付体系可以看作是一个分布式的记账系统，支付信息通过智能合约的形式储存在该系统。结合物联网的实时定位技术，可以随时查看交易进度和相应的商品信息，可以在指定商品到达目的地时触发智能合约生效条款自动完成交付，使得该支付方式可信度和效率都高于传统支付方式。

（4）其他环节

区块链技术也可根据其功能特征应用在商贸活动中的信用风险管理、海关监管管理、商品质量控制等方面。其中，为更好地解决商贸活动中的信用风险管理问题，可从技术层面引入区块链共识机制，构建信用风险协同管理体系。其一，创建区块链信用数据存储库，并将之内置于区块链基础数据存储平台。该数据存储库是一个开放共享、无法伪造篡改、可追溯的数据库系统；其二，建立商贸征信平台，借助区块链共识机制客观征集商家、客户信用信息。其三，创立基于智能合约技术的信用评级机构，将商贸活动中公认的行业规范、质量标准、产品规格等写入代码指令，界定商家信用级别；其四，建立公共信用服务中心，完成信用查询、信用担保、信用监管、信用保障等一系列辅助与协调工作。

（二）大数据技术

1. 大数据的内涵

（1）大数据的概念

麦肯锡公司于 2011 年第一次提出了大数据的概念，之后经过研究发展，许多专家学者所站角度不同，产生了不同看法。大数据研究机构 Gartner 认为大数据是具备高增长率、多样化以及巨量特点的一种信息资产，必须用新的处理方式才能把它运用于流程优化、科学决策和预测发现。《大数据时代》是国外全面系统地描述大数据的第一本书，维克托·迈尔和肯尼斯·库克耶在其中的核心观点就是预测，他们认为大数据是利用整体数据进行分析处理的一项技术，而不采用个别数据进行抽样调查。360百科定义大数据又可以被称为巨量资料，即运用新的处理模式处理海量、多样化和高增长的信息资产，才能拥有精准洞察力、科学决策力和流程优化能力。

学者们对大数据的理解不同，定义也不同。综合学者们的观点，本书认为大数据不仅是一种信息资产，还是一种技术，在掌握庞大数据信息的同时，要对这些含有意义的数据进行专业化、科学化处理。

（2）大数据的特征

大多数学者将大数据的特点总结为四点：大量（Volume），即数据量庞大，从原先的TB级别上升到PB级别；高速（Velocity），即处理速度快，处理速度体现的是1秒定律，与传统数据挖掘有本质区别；多样（Variety），即数据类型多，在互联网中通过文字、数据、图片等各种方式出现的东西都可以转化成数据信息；价值（Value），即价值密度低，在采集到的庞大数据库中，可能仅仅有很少一部分对我们有用。比如，视频数据信息，在长时间连续不间断监控过程中，可能仅仅一两秒对某一项数据分析有用。

2. 大数据的关键技术

大数据技术是在数据库技术和云计算技术的基础上发展而来的，可以简单分为数据库技术、大数据分析技术和大数据安全技术三类。从大数据的关键性技术来看，无论是由语言层到抽象层，还是由存储层到检索层，基本上都有相对成熟的技术支撑，虽然这些技术还需要不断研究优化，但总体而言，实现大数据的挖掘、处理、应用已经具备相当的基础；大数据的安全问题虽然会长期存在，但是随着安全技术的不断发展，并不会对大数据的应用造成过大影响。

3. 大数据的价值

大数据的价值包括三个主要方面：个体需求和行为的趋势预测成为可能、对信息的价值的理解发生改变、样本即总体理念的逐步推广（高荣，2015）。

第一，个体需求和行为的趋势预测成为可能。大数据的数据挖掘和分析并非基于传统的因果关系的思维模式，更多关注的是数据间的关联关系，因此具备实时预测个体、群体需求和行为趋势的能力，使个体的需求和行为可以通过参照他人的数据集合来实现有效预测。

第二，对信息的价值的理解发生改变。以往，以信息管理为代表的学科对于信息爆炸带来的数据量激增往往持“一分为二”的观点，认为信息量的激增一方面有利于人类社会的发展，但是大量“无用”信息也给数据存储和处理带来了困扰，消耗了社会资源。而大数据时代的到来，使学者们发现大量以往认为价值较小、时效性较低的非结构化数据，经过数据挖掘与处理可发现其关联关系，这就使所有的数据和信息都具备了无法估量的价值，能够产生巨大的经济和社会效益，使传统意义上的“冗余信息”“无用信息”的概念产生了动摇。

第三，样本即总体理念的逐步推广。大数据的特征无论是归纳为“3V”“4V”还是“4V + 1C”，其必备的特点之一是海量(Volume)，而海量数据的处理就意味着人们具备了处理总体信息的能力，传统统计学中的抽样环节成为可以省略的步骤，样本即总体的理念开始得到学界的认可。

（三）物联网技术

1. 物联网的内涵

（1）物联网的概念

物联网被认为是继计算机和互联网之后的"第三代信息技术"，也被称为"第三次信息技术革命"或信息化的"第三波潮流"（肖峰，2013）。物联网技术是以传感技术为基础的智能标识、射频识别（RFID）、红外感应器、全球定位系统、激光扫描器等一系列技术的组合，按照约定的协议，根据需要人与物、物与物之间的连接沟通，进行信息交换和通信，以实现智能化识别、定位、跟踪、监控和管理，其本质是物体的感知化与网络化，即通过物联网实现了物体间、人与物体间点对点的互通，实现了人类社会与物质实体间的有机整合（王治东，2010；武晓钊，2011；高荣，2015）。

（2）物联网的特征

物联网实际上是物体之间、人与物体之间、人机之间、人人之间、物体与计算机之间、计算机之间等各种"主体"之间的互联，以达到整体感知和可靠传输，具有连通性、技术性、智能性和嵌入性四个特征（李卢一和郑燕林，2010）。

第一，连通性。连通性是物联网的本质特征之一。国际电信联盟认为，物联网的"连通性"有三个维度：一是任意时间的连通性（Any time connection），二是任意地点的连通性（Any place connection），三是任意物体的连通性（Any thing connection）。

第二，技术性。物联网是技术变革的产物，代表着未来计算与通信技术的发展趋势，而其发展又依赖众多技术的支持，尤其是射频识别技术（Radio - frequency identification，简称 RFID）、传感技术、纳米技术、智能嵌入技术。

第三，智能性。物联网使得人们所处的物质世界得以极大程度地数字化、网络化，使得世界中的物体不仅以传感方式也以智能化方式关联起来，网络服务也得以智能化。物联网具有智能化感知性，它可以感知人们所处的环境，最大限度地支持人们更好地洞察、利用各种环境资源以便做出正确的判断。

第四，嵌入性。物联网的嵌入性表现在两个方面，一是各种各样的物件本身被嵌入在人们所生活的环境中；二是由物联网提供的网络服务将被无缝地嵌入到人们日常工作与生活中。

2. 物联网的关键技术

物联网的系统技术可分为感知层、网络层和应用层三个层次，每个层次中又包含若干技术群（高荣，2015；姜健洋，2018）。

感知层主要实现对象的数据采集、识别和短距离数据传输。目标信息的获取、智能控制和自动识别功能主要体现在感知水平上，它是物联网的发展和应用的基础（姜健洋，2018）。感知层主要包括传感与融合技术、识别与处理技术，具体由各种传感器以及传感器网关构成，包括温度传感器、湿度传感器等各种传感器，二维码标签、RFID 标签和读写器、摄像头、GPS 等感知终端，其作用相当于人的眼耳鼻喉和皮肤等神经末梢，它是物联网识别物体、采集信息的来源，其主要功能是识别物体、采集信息。

网络层属于中间层，介于感知层和应用层中间，其主要作用在于将传感层获得的信息精确地传输到下一层（姜健洋，2018）。网络层的技术群主要包括接入与组网技术、节点与网关技术以及计算与服务技术，具体由各种私有网络、互联网、有线和无线通信网、网络管理系统和云计算平台等组成，相当于人的神经中枢和大脑，负责传递和处理感知层获取的信息。

应用层的技术群主要包括交互与控制技术、安全技术，是物联网和用户（包括人、组织和其他系统）的接口，它与行业需求结合，实现物联网的智能应用（董爱军，2011；高荣，2015）。

3. 物联网技术的主要应用

物联网技术联合大数据、云计算、移动互联网等技术，可应用于物流仓储、供应链管理、节能减排等行业发展（姜健洋，2018）。

（1）物流行业

随着中国电商的飞速发展，对物流的需求正在不断增加。为了达成人们的要求，我们要提升物联网技术的应用。物联网的应用特别适用于从供应方到需求方的货物转移，这个过程中应用物联网技术对于提高快递的管理水平能够起到极大的现实促进作用。从目前我国物流业信息化水平来看，仍然很低，企业本身还缺乏一套IT信息化解决方案，无法及时有效地满足客户的需求。因此，我们在未来的工作中必须使用物联网技术，解决物流过程烦琐、产品质量难监控、运输配送成本高等问题。

（2）仓储行业

目前，仓储业智能终端技术有机器人技术、无线射频（RF）手持终端、语音提示终端、视频监控终端、无人搬运车等技术。借助这些技术，实现了物品的自动搬运、机器人自动堆码垛、物品自动识别、智能辅助人工拣选等作业。在智能仓储管控系统中，物联网技术与仓库管理系统（WMS）相结合，实现了仓储业的智能化与自动化。而当前能够实现物流全过程智能控制与管理的还不多，物流信息化建设还仅仅停留在对物品进行自动识别、自动感知、自动定位、过程追溯、在线追踪、在线调度等一般应用水平上。在专家系统、数据挖掘、网络融合与信息共享优化、智能调度与线路自动化调整管理等智能管理技术的应用方面还存在很大差距。此外，在企业物流系统中，通过物联网等技术的应用，部分物流系统还可以做到与企业生产管理系统无缝结合，智能运作；部分智能化与自动化的物流中心可以做到全自动化与智能化物流作业。

（3）节能减排

近年来，中国的经济增长势头迅猛，取得了较大成果，然而也带来了环境污染问题，付出了巨大的资源和环境成本。智能节能减排系统设计就是物联网技术应用的典型例子。首先，基于物联网的节能减排系统更改了传统的电能计量方式。物联网收集电力信息并将其放置在后台之中，而后基于物联网技术的节能减排系统从多个角度以多种方式向用户呈现用电量。物联网的智能节能系统不仅记录用户的整体功耗，还实时记录用户每个用电器的用电量数据，并通过各种图表可视化用户的用电量。另外，基于物联网技术的节能减排系统采用反馈机制节约能量，系统可以通过对用电数据进行横向和纵向分析，将用电情况反馈给用户。

此外，物联网技术与其他技术相结合，也可应用于供应链管理、医疗健康、智慧城市建设、农业生产等各方面。

（四）人工智能技术

1. 人工智能的内涵

（1）人工智能的概念

人工智能被誉为 21 世纪三大尖端技术（基因工程、纳米科学、人工智能）之一以及新一轮科技革命和产业变革的重要驱动力量，不仅可以创造出新产品、新业态，而且可以实现对传统产业的智能化重塑，使传统产业获得新生（赵志君和庄馨予，2023）。

“人工智能”的概念由 John Mc Carthy 等在达特茅斯（Dartmouth）会议上正式提出，但不同学者对其存在不同的理解。一是人工智能泛指机器以与人类相同的方式行事（Simmons 和 Chappell，1988），或机器的一种类人智能，它与人的智能互为补充、相互促进（杨祥金和蔡庆生，1988）。有学者将人工智能看作计算机的类似人类思维方式与判断的能力和人造物的智能行为，其中包括知觉、推理、学习、交流和在复杂环境中的行为（Margaret，1996；尼尔斯·尼尔森，2000）。二是人工智能是研究机器像人类一样思考的科学和工程，解决的是知识的获取、知识的表示和知识的使用问题（石纯一等，1993）。中国信息通信研究院和中国人工智能产业发展联盟在《人工智能治理白皮书》将人工智能定义为“用机器模拟、实现或延伸人类的感知、思考、行动等智力与行为能力的科学与技术”（中国信息通信研究院和中国人工智能产业发展联盟，2020）。三是从系统论的角度将人工智能视为复杂的信息系统，其子系统之间存在复杂而隐秘的信息联系（钟义信，2021），它可以正确解释外部数据，并能够通过对数据的学习和灵活应用实现特定目标和任务（Kaplan 和 Haenlein，2019）。

（2）人工智能的特征

在数字经济时代，人工智能可以替代人的大部分脑力劳动，对人类行为进行更快更准确的预测，甚至具有超越人的直觉想象力，完成人脑无法完成的工作。智能化技术既可应用于改善生活的消费场景（如教育、医疗、家居领域），又可用于提升效率的生产场景（如智能化生产、管理和物流系统）。人工智能凭借其数字化、规模化、速度快和互联互通性，在经济社会发展中发挥着越来越重要的作用（赵志君和庄馨予，2023）。

第一，数字化。数据与劳动力和资本一样，已经成为数字化时代的关键生产要素、基础性资源和战略性资源，也是人工智能加工的主要对象和产品。数据作为数字化了的信息，一般以符号、文字、数字、语音、图像、视频等多种形式呈现（赵志君，2022）。由于数据样本只有在加工整合成有价值的知识产品之后，才能发挥数据资本的作用，而人工智能依靠计算机的强大算力，结合互联网、云计算、大数据科学的综合运用，可以高效地从大数据中提取有价值的信息，并以非常低廉的成本供社会一切客户享用，因而人工智能能够大幅提升数据资本的社会价值。

第二，规模化。人工智能对大数据的收集、分析和判断能力使信息不完全、不对称的程度大大下降，预测精度大大提高。智能化技术应用于生产、管理可大大降低运营成本，应用于生活领域可大大提高便利程度，应用于营销领域可显著节约交易成本。借助于网络经济的规模效应，人工智能可以充分利用互联网的海量数据，实现正的外部经济、范围经济和规模经济效应，从而提高发展质量，助力内生经济增长的可持续性。

第三，速度快。在数字经济时代，知识积累突破了时间和空间的限制。依赖于互联网、云计算、人工智能、量子通信和量子计算技术的综合应用，信息以电磁波为载体在空间和互联网上传播，越来越逼近宇宙极限速度，信息处理可以在瞬间完成，知识积累可以全天候不间断地进行。量子通信和量子计算方面的技术突破，使以往不可能完成的计算问题成为可能。在可预期的将来，量子计算和量子通信技术必将为数字经济插上腾飞的翅膀。

第四，互联互通性。传统生产过程因需要花费大量的人力、物力和时间而降低了效率。随着信息技术的不断发展，人工智能使实体资产与数字系统实现无缝连接，促进了不同领域之间的互联互通，提高了生产效率。在制造业领域，人工智能通过物联网管理平台与制造、运营和远程控制系统的深度融合，覆盖研发、供应链、营销等各个环节，使多家工厂实现信息化交互和产能共享。此外，以元宇宙、数字孪生为代表的新技术正在以其无限的虚拟空间和高仿真模拟能力加快数字产品研发步伐，重塑游戏、娱乐、文化等产业。

2. 人工智能的关键技术

一直以来，算法、算力和数据被认为是人工智能发展的三驾马车，也是推动人工智能发展的重要基础（中国信息通信研究院，2022）。在算法层面，超大规模预训练模型等成为近两年最受关注的热点之一，不断刷新各领域榜单；知识驱动的人工智能等方向研究成为提升认知能力的重要探索；人工智能与各科学研究领域的融合创新日益受到关注，人工智能成为基础科学研究的重要工具。在算力层面，单点算力持续提升，算力定制化、多元化成为重要发展趋势；计算技术围绕数据处理、数据存储、数据交互三大能力要素演进升级，类脑芯片、量子计算等方向持续探索。在数据层面，以深度学习为代表的人工智能技术需要大量的标注数据，这也催生了专门的技术乃至服务，随着面向问题的不断具体化和深入，数据服务走向精细化和定制化；此外，随着知识对人工智能的重要性被广泛提及，对知识集的构建和利用不断增多。

3. 人工智能的主要应用

当前，人工智能在跨境电商中的应用主要可分为两类：一是“机器人代替人”类应用，这类应用通过替代效应，将人力从烦琐重复的工作中解放出来，主要用于采购、生产、物流、客服等方面；二是“模拟人的思维”类应用，如在仓库选址、选品、备货与用户推荐等方面，为用户提供决策支持（范晗馨，2023）。

（1）“机器人代替人”的应用。采购环节的智能采购系统，能够替代人力进行烦琐重复的竞标、生成订单并审核、生成合同并审核等工作，大幅提升采购人员的采购效率。支付环节的生物识别技术，能够提升消费者支付效率。物流环节，首先，智能仓储机器人和自动输送线的应用，能够解决库内产品长距离运输难题，带来分拣效率的倍数提升；其次，智能运输系统的应用，能够实现对运输路径的实时监控，为货物运输提供实时最优运输路径，提升运输效率；再次，智能审图系统的应用，将清关人员从烦琐的审图工作中解放出来，大幅提升通关效率；最后，无人机在配送环节的应用，能够解决物流“最后一公里”难题。客户服务环节的智能客服，在节约人力成本的同时实现对消费者的快速响应，同时还能提供小语种客服服务，为跨境电商本土化运营解决语言难题。由此可见，“机器人代替人”的人工智能应用能够帮助解决跨境电商效率与成本问题。

（2）“模拟人的思维”方面的应用。在生产、采购与库存管理环节的供需预测方面，通过对市场信息进行实时监控并分析，为跨境电商生产商产品生产和商家采购与库存管理提供决策辅助。营销环节的智能推荐是通过算法，利用用户行为数据和历史消费数据，针对匹配的用户群体进行精准营销。由此可见，“模拟人思维”的人工智能应用能够帮助为用户提供个性化服务，帮助解决跨境电商用户体验问题。

（五）其他关键技术

当前，智能技术还包括云计算、移动互联网等一些关键技术，这些技术相互结合并应用于社会各个行业、产业，以实现智能时代和智慧社会的发展。

云计算（Cloud Computing）是分布式计算的一种，指通过网络“云”将巨大的数据计算处理程序分解成无数个小程序，然后通过由多台服务器组成的系统进行处理和分析这些小程序，得到结果并返回给用户。移动互联网是移动和互联网融合的产物，继承了移动随时随地和互联网分享、开放、互动的优势，是整合二者优势的"升级版本"。

二、跨境电商相关研究

（一）跨境电商的内涵

跨境电商是国际贸易的一种新形式，是指分属于不同国家或地区的交易双方借助互联网技术，通过电子商务平台进行交易与支付结算，并通过跨境物流完成货物运输的国际商业活动。综合来说，跨境电商是一个集信息流、物流、资金流等元素于一体的系统（刘江伟，2018）。

跨境电商与传统进出口贸易有所区别，近年来发展出海外仓、边境仓、保税区等新型物流模式，因此并不完全是传统贸易的电子化。跨境电商按照不同的标准，可分为不同的类型，具体见表4-1。

表4-1　跨境电商分类

划分标准	类型	基本含义	举例
进出口方向	进口跨境电商	购买海外商品至国内	洋码头、天猫国际、网易考拉
	出口跨境电商	本国商品售往海外	兰亭集势、全球速卖通
商业模式	B2B 跨境电商	企业与企业之间进行跨境电商交易	阿里巴巴、敦煌网、中国制造网

续表

划分标准	类型	基本含义	举例
商业模式	B2C 跨境电商	企业与个人之间进行跨境电商交易	亚马逊、eBay、京东全球购
	C2C 跨境电商	个人与个人之间进行跨境电商交易	HIGO
经营方式	开放式跨境电商	开放平台仅仅是整合平台资源，服务于买卖双方的运营管理者	全球速卖通、eBay、Wish
	自营式跨境电商	平台对经营的产品统一生产或采购、销售、配送	菠萝蜜、网易考拉海购、聚美优品、唯品会
	混合型跨境电商	平台除了自营业务外，也对第三方卖家开放	亚马逊

（二）跨境电商的构成要素

生态系统是指在一定的自然空间内生物与环境之间构成的统一整体，它们之间相互作用、相互影响，从而维持生态系统处于平衡状态。生态系统是一个开放的系统，时刻进行物质和能量的交换，维持生物的生存，一旦出现问题，系统便会崩溃。如今越来越多的学者将生态系统的研究应用于各个学科中，本书将生态系统的思想引入跨境电商生态系统。跨境电商与自然界生态系统比较相似，众多的跨境电商参与主体与环境构成了统一整体，他们之间相互作用、相互影响，从而使整个外贸经济处于动态平衡的状态，如图 4－1 所示。

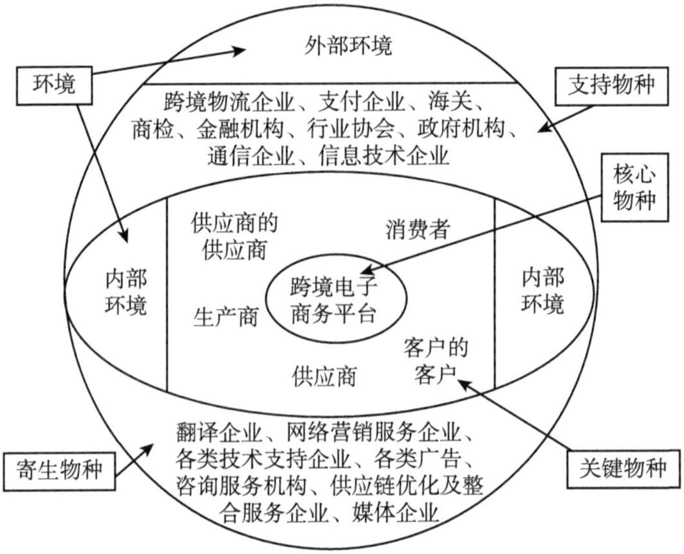

图 4－1　跨境电商生态系统结构

本书中的跨境电商生态系统指在跨境贸易中，具有共同目标和利益的个体与环境构成的有机生态系统，这些个体以跨境电商交易平台为核心，通过自组织及相互协作，实现资源共享、互利共生（刘江伟，2018）。具体而言，跨境电子商务生态系统是以与跨境电子商务活动相关个体、组织、企业为物种，在跨境电子商务平台上实现竞争、合作与沟通，进而实现优势互补与资源互享，物种与物种之间以及物种与环境之间进行物流、信息和能量的动态互动，包括流动、共享与循环，从而形成一个多要素、多层面、多视角、多层级的生态系统（张夏恒，2016）。按照物种的定位划分，可将跨境电子商务生态系统的构成要素分为核心物种、关键物种、支持物种、寄生物种以及环境（张夏恒，2016；刘江伟，2018）。

1. 核心物种

核心物种指的是跨境电子商务平台，它在整个跨境电子商务系统中处于各类资源的领导者地位，既为商品交易提供平台，也为交易主体进行商品交易提供场所，同时起到提供信息与监管的功能，承担着资源整合、信息沟通与协调的作用。

2. 关键物种

关键物种指的是跨境电子商务交易的主体，如商品交易所涉及的要素，包括卖方与买方，还有供应商、生产商、投资商，乃至供应商的供应商、客户的客户等，这些构成体是其他物种的服务对象。跨境电商领域中的关键物种主要包括跨境电商提供商、跨境电商需求方等。

3. 支持物种

支持物种是指跨境电子商务交易必须依附的企业、组织或机构，包括跨境支付企业、跨境物流企业、海关部门、商检部门、媒体机构、金融机构、行业协会、政府相关部门、通信服务机构、信息技术机构等，这些物种的活动都要围绕着核心物种、关键物种展开，并支撑着跨境电子商务生态系统的正常运行。

4. 寄生物种

寄生物种主要是指为跨境电子商务交易提供增值服务项目的主体，如网络营销服务商、供应链优化及整体服务商、各类技术外包服务商、翻译公司、咨询服务机构等跨境电商服务商。

5. 环境

环境指的是跨境电子商务生态系统所涉及的各类环境，既包括各企业、组织或机构的内部环境，也包括它们所面对的外部环境以及跨境电子商务生态系统整体所面对的外部环境等。

（三）跨境电商的主要环节

跨境电子商务面向全球市场，交易对象不再仅仅局限于单一国家，交易主体突破了国家的界限，交易模式更加复杂，其主要环节包括跨境交易、跨境支付、跨境物流等环节（李海波，2018；张夏恒和郭海玲，2016；丁宝根、赵玉和彭永樟，2019）。

1. 跨境交易环节

跨境电子商务是指分属不同国家的交易主体，通过电子商务平台达成交易、进行支付结算，并通过跨境物流送达商品、完成交易的一种国际商业活动。跨境交易环节主要发生在发布商品信息的第三方平台，如阿里巴巴平台、敦煌网、全球资源网等，当然也包括线下的展会和传统纸媒等。跨境电商平台是跨境电商的载体，是跨境电商发展的核心。

2. 跨境支付环节

当前，跨境电商支付方式主要包括信用卡支付、电子账户支付以及线下汇款，其支付流程为：买家登入境外网购平台选购商品，并将订单发给第三方支付；第三方支付取得境内买家信息认证；买家选择支付方式；第三方支付将支付相关信息发给托管银行，并接受托管银行购汇相关信息；境外卖家收到第三方支付；境外网购平台向境内买家配送产品或服务。但当前跨境电商支付方式存在交易风险、欺诈风险和资金风险等各类风险，特别是交易风险较为常见。除此之外，当前跨境电商在面对纠纷时，存在法律适用不明确问题，而跨境电商涉及多个国家，因不同国家法律存在较大差异，导致纠纷解决困难，且法律途径耗时长、成本大。因此，当前跨境电商较为突出的问题便是支付环节烦琐且存在较大的不确定性风险，急需寻找更加简便、安全的支付方式（丁宝根、赵玉和彭永樟，2019）。

3. 跨境物流环节

从商品流动的横向层面看，在跨境电子商务交易中，商品在达成交易后会经历输出国物流、输出国海关与商检、国际货物运输、输入国海关与商检、输入国物流、输入国配送等环节，有时还会因各种情况导致的商品退换货而出现逆向跨境物流；从商品流动的纵向层面看，商品会经历从供应到消费的一系列空间位移环节，包括货物包装、供应物流、仓储、分拣与转运、再包装与配货、终端配送等，也会涉及客服、支付、清关、商检、售后、退税等，从而构成了跨境物流网络（张夏恒和郭海玲，2016）。

4. 通关监管环节

目前，我国的跨境电商通关监管模式主要有“9610”模式、“1210”模式以及“1239”模式，归纳总结为“一般出口”“特殊区域出口”“直购进口”和“网购保税进口”4 种新型海关通关监管模式。

第一，9610——一般出口模式：采用“清单核放、汇总申报”的方式，电商出口商品以邮、快件方式分批运送，海关凭清单核放出境，定期把已核放清单数据汇总形成出口报关单，电商企业或平台凭此办理结汇、退税手续。

第二，1210——保税备货模式：商家将商品批量备货至海关监管下的保税仓库，消费者下单后，电商企业根据订单为每件商品办理海关通关手续，在保税仓库完成贴面单和打包，经海关查验放行后，由电商企业委托物流配送至消费者。“1210”要求开展区域必须是跨境贸易电子商务进口试点城市的特殊监管区域，即目前只能在国内15个跨境电商试点城市以及2019年1月1日新设的22个跨境电商综合试验区的城市的保税物流中心执行。

第三，9610——直购进口模式：商家将多个已售出商品统一打包，通过国际物流运送至国内的保税仓库，电商企业为每件商品办理海关通关手续，经海关查验放行后，由电商企业委托国内快递派送至消费者手中。每个订单附有海关单据。

第四，1239——保税电商A模式：全称“保税跨境贸易电子商务A”，简称“保税电商A”。与“1210”监管方式相比，“1239”监管方式适用于境内电子商务企业通过海关特殊监管区域或保税物流中心（B型）一线进境的跨境电子商务零售进口商品。同时，区别于“1210”监管方式的是：国内15个试点城市以及22个新设跨境电商综合试验区的城市，暂不适用“1239”监管方式开展跨境电子商务零售进口业务。至此，跨境电商新政后，国内保税进口分化成两种：一是新政前批复的具备保税进口试点的城市，二是新政后开放保税进口业务的其他城市。海关在监管时为了将二者区分开，对于免通关单的试点城市，继续使用1210代码，对于需要提供通关单的其他城市（非试点城市），采用新代码1239。

（四）跨境电商生态系统运行

在跨境电子商务生态系统中，物种既是其构成的主体，也是其构成的基础要素，同时也是系统内最为活跃的要素。研究跨境电商生态系统的运行逻辑，需要重点考虑物种的角色。因此，基于物种视角，跨境电商生态系统的运行，需要考虑核心物种之间、关键物种之间、支持物种之间、寄生物种之间、环境之间以及核心物种、关键物种、支持物种、寄生物种、环境之间的互动协同（张夏恒和郭海玲，2016；刘江伟，2018）。

1. 物种内关系

物种内关系指存在于生物种群内部个体间的相互关系。这些个体之间既有竞争也有合作。跨境电商生态系统物种内关系指经营相似产品或是具有相同模式的个体之间的相互关系，具体表现为：种内协作和种内竞争。

第一，种内协作。在跨境电商生态系统中，一方面种内协作更多是表现在内部的分工合作，影响种内协作的根本原因是为了分享更多的资源，从而双方都获利。在跨境电商交易中，根据市场反应和需求，跨境电商参与主体通过各个部门之间相互协作或与竞争者合作，从而满足消费者的需求，提高消费者体验度。另一方面种内协作表现在关键种群中供应链上下游企业之间的相互合作。上下游企业之间相互协作，共同生产同种商品，从而优化资源配置，降低生产成本，提高企业竞争力。

第二，种内竞争。在跨境电商生态系统中，种内竞争指为了获取更多利润和市场份额，参与跨境电商的个体之间相互作用、相互竞争的行为。如在跨境电商生态系统中，跨境电商需求方数量是有限的，跨境电商提供商为了争夺更多的跨境电商需求方，占取更多的市场份额，在产品和经营模式等方面展开激烈的竞争。

2. 物种间关系

在跨境电商生态系统中，物种之间的关系表现为共生。共生一方面指简单的依存关系即跨境进口或跨境出口各个环节上的相互依存关系。跨境电商需求方和跨境电商提供方在跨境电商平台进行贸易，通过跨境支付平台、跨境物流平台、跨境综合服务平台等完成商品交易。另一方面指跨境电商生态系统种群间的相互合作，如跨境电商寄生种群依靠跨境电商核心物种获取相关的交易信息，从而获得能量的来源。在生态系统中，共生关系表现为寄生、偏利共生、互惠共生行为。种群之间也存在竞争关系，但在跨境电商生态系统中，更多地表现为共生。

第一，寄生。寄生指两种生物共同生活，一方为另一方提供能量，获取能量的寄生者受益，被寄生者受害的行为。在跨境电商生态系统中，寄生指需要依附别的个体获得能量，而对被寄生的个体有害的行为，表现在能量或价值的转移。如在跨境电商生态系统中，核心物种从系统中获取能量，当获取能量的速度大于系统生产能量的速度时，系统便会崩溃，这种寄生关系将会被瓦解。当核心种群从系统获取能量的速度小于系统生产能量的速度时，则对系统有利，这种寄生关系将会转化为偏利共生。

第二，偏利共生。偏利共生指共同生活的两种生物之间相互合作，结果其中一方受益，而合作的另一方不受害的行为。偏利共生的实质是能量的转移，能量向受益的一方移动。在跨境电商生态系统中，因为每个人都是理性人，如果其中一方一直不受益，则这种关系将会破裂。因此要维持种群共生关系，跨境生态系统需要建立补偿机制，具体表现为初步进入跨境电商生态系统的领导种群为了得到更多的用户，在与用户合作的基础上提供一定的补偿，如返利或给予积分，激励用户继续维持合作关系。

第三，互惠共生。互惠共生指两种生物之间相互依赖、相互作用，双方获益的行为。在跨境电商生态系统中，互惠共生指双方建立长期稳定的合作关系，并且在合作的基础上，创造新的价值，获取更多的利益，具体表现为双方合作的次数增加、交易频繁、来往紧密，并且合作使双方获得更多的能量，关系趋向稳定。在跨境电商生态系统中，核心物种与支持物种的关系、关键物种的关系都类似于这种共生关系。核心种群中跨境电商交易平台通过分工合作搜集跨境电商提供商和跨境电商需求方的行为信息，了解他们的需求，而跨境电商支持种群从事相关的辅助活动，优化跨境电商交易平台，从而帮助核心种群获得更高的收益，而支持种群也从合作中获取能量，双方都获得利益。

3. 物种与环境关系

环境在跨境电商生态系统中扮演重要的角色。在跨境电商生态系统中，各物种通过交易从环境中获取物质和能量，反过来，各种物种的增长向环境赋予物质和能量，并且不断优化环境。各物种与环境之间的关系密不可分，相互依存、相互影响。根据仿生学理论，物种与环境之间的关系为互惠共生。

三、智能技术与跨境电商的耦合对接

智能技术与跨境电商的耦合对接，具体体现在区块链、物联网、大数据等技术运用到跨境电商系统运行的各个环节和各个主体中，将智能技术的特征优势体现到跨境电商生态系统的各个过程中，实现跨境电商的高质量发展。

（一）智能技术与跨境交易的耦合对接

1. 交易平台

当前，跨境电子商务贸易主要通过跨境电商平台进行，现有的跨境电商平台多为中心化的交易平台，依托第三方进行管理运行，因而，跨境电商交易费用高、参与主体对商品的质量、在线支付的安全性、网上商品评价的真实性等一系列问题存在顾虑。为解决中心化的跨境电商平台存在的问题，本书试图运用智能技术建立去中心化的跨境电商交易平台，通过去中心化达到去除第三方管理运营成本、增加交易可信度等目的，真正实现点对点购物模式（张衍斌，2018）。本书构建基于区块链技术的跨境电商交易平台，参与主体由买方和卖方、区块链等构成（浦东平、樊重俊和梁贺，2018）。

当用户第一次使用基于区块链的电商平台时需要注册个人账号 ID，其作用是方便用户寻找目标商品并与其他用户进行沟通。此 ID 作为每个用户唯一的身份证明，后台系统会在区块链上自动生成一个节点与之对应。因此用户无须再绑定其他个人信息，从而增强了用户信息的私密性保护。当用户想要在该平台上销售产品时，需要创建一个包含产品的价格、型号、数目等详细信息的商品目录。该目录一旦创建完成便会通过分布式网络发送至平台销售页面，而关于该商品的所有消息会同步发送到用户的个人账号中。

当用户想要在该平台上购买商品时，可以在销售页面进行浏览或者直接查找关键词。在选定心仪的商品后可以和卖方对价格、数量及运输方式等内容进行沟通。直到协商一致后，电商平台会根据买卖双方的数字签名创建一个智能合约，该智能合约会发送到相应商品属性的区块进行验证。若各区块都验证成功，卖方便可以按约定条款发货。当买方收到货品且验证无误后，数字货币会从买方数字签名的账户地址自动支付到卖方账户。整个交易过程的所有信息会存储在区块链的各流程节点位置。

2. 信用管理

跨境电子商务的参与主体涉及不同的两个国家，而不同国家之间不仅存在时差、文化差异，而且购物习惯与沟通方式也有所不同，因此相对于国内电商而言，信息不对称的情况更为严重。跨境电商中存在的信用问题包括虚假支付、拒绝收货、恶意投诉的买方失信问题，虚假宣传、信息泄露、虚假承诺的卖方失信问题以及恶意索赔、责任推卸、开包窃取的物流失信问题等（刘歆玥，2019）。

在跨境交易过程中，若出现失信问题，便可以在上述交易平台的基础上，选择由第三方公证人介入来解决问题。为了保证公证人的公平性和可信度，电商平台专门建立针对所有用户的信誉评分系统，允许每一位用户匿名对与之交易过的用户的综合情况进行反馈评分。其中信誉度排名较高的用户可以报名成为公证人，而公证人信誉度越高其数字货币的奖励越多，但是如果公证人被其他用户举报滥用权力且情况属实，将会被列入黑名单并对其进行高额罚款。每一笔交易的公证人都必须由买卖双方共同选择，可以避免公证人偏袒任何一方的情况出现。

其中，针对交易金额的纠纷，公证人会对智能合约进行验证并基于多重签名技术创建数字货币账户，公证人及买卖双方各自拥有一把私钥，只有当三个当事人都协商一致集齐三把私钥时，买家才会按合约条款把相应的数字货币发送到多重签名的地址。当卖方接到买方已经付款的通知时便可以发货，而买方也会同步收到商品已发货的通知。在买方确认收货后，电商平台会自动从多重签名的地址释放货款给卖方（浦东平、樊重俊和梁贺，2018）。

运用智能技术解决跨境电商生态中的信用问题，提高跨境电商企业、消费者、物流以及其他第三方企业之间的信任，可以促进跨境电商行业健康发展。

3. 交易流程

区块链理念与技术为跨境电商交易的发展提供了新的思路。去中心化的技术特征使买卖双方紧密结合，去除了第三方的维护费用和交易费用，可将节省的成本用于提升平台的服务质量和满足用户的多元需求。并且，基于网络点对点匿名的数字货币和去集权化的货币汇款通道，使每个节点用户在拥有转账权力的同时也赋予其保证账户安全和信息保密的义务（浦东平、樊重俊和梁贺，2018）。同时，借助区块链点对点传输、时间戳技术、共识机制客观征集商家、客户信用信息和界定商家信用级别，创建区块链信用数据存储库，帮助用户完成信用查询、信用担保、信用监管、信用保障等一系列辅助与协调工作。综合跨境电商交易平台和信用管理体系的构建，厘清跨境电商交易流程如图4-2所示。

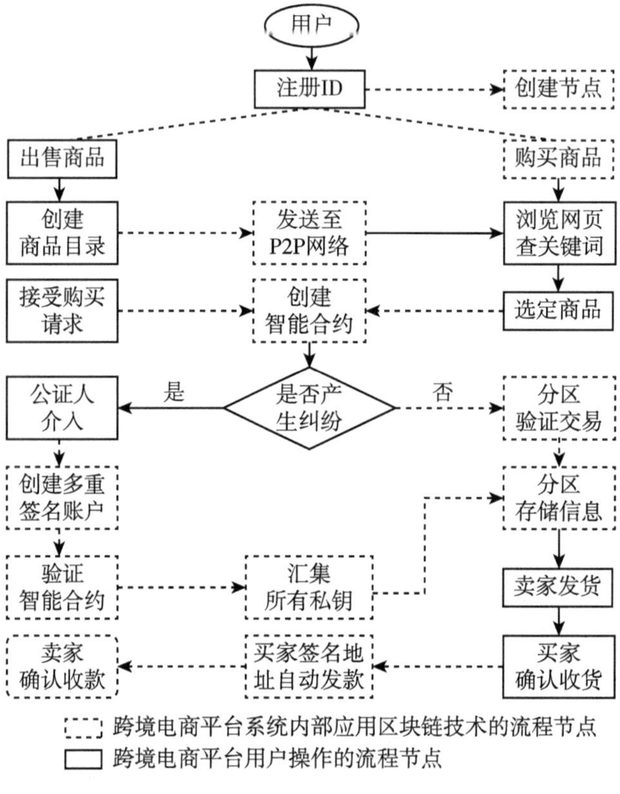

图4-2 基于区块链的跨境电商平台交易流程

综上，基于区块链技术的跨境电商交易模式的核心价值为避免因一国电商公司充当双方贸易的管理者而在文化差异、法律法规、地域保护等方面产生主观偏差，可通过区块链共识机制、智能合约衍生出所有参与者共同管理、共同监督的模式，从根本上体现交易成本的最小化、交易流程的可信性（张衍斌，2018）。

（二）智能技术与跨境支付的耦合对接

在现有的传统国际支付业务中，跨境支付交易信息需要在许多家银行间进行流转、处理，其中不仅包括国内银行，也包括了国际银行，这不仅使得完成一个跨境支付业务耗费更多的人力与时间成本，还使得跨境支付业务的客户无法实时获知交易处理的状态和资金动态。并且，支付流程过于繁杂也存在使用户体验感差以及泄露个人信息和交易信息的风险。在现有的传统国际支付业务中，管理资费标准高、资金流转时间长、经营风险盲点多等问题限制了我国跨境电商的发展（孙妍，2019）。

在跨境支付领域使用区块链技术能够增加跨境支付的安全系数，由于区块链技术采用点对点交易、分布式记账的模式，因此绕开了传统跨境支付的中间代理银行，减少了各代理银行之间的信用风险，提高了跨境支付的安全性，并且能够保护交易双方的个人信息，减少了隐私泄漏的风险（阮俊霖，2024）。也就是智能技术在跨境支付方式上与传统跨境支付的区别包括转变了支付流程、加密了数据信息、建立了共识机制，本书以区块链技术的应用入手，探索基于区块链技术的跨境支付的具体实现路径（宋鹏杰，2018）。

1. 支付流程

传统跨境支付的流程一般都要经过第三方，属于中心化模式的支付，而智能技术的应用可以促进支付流程的转变，逐步转变为去中心化模式的支付。

（1）中心化模式

传统跨境支付的流程是中心化模式，一般是买方下单并且付款，第三方收到买家货款后通知交易卖方发货，卖方收到第三方的消息后发货，等到买家确认收货并且确认货物没有问题后，第三方就会把款项转到卖家（见图4-3）。但是通过第三方机构来保证资金和数据的安全性并不是万无一失的，跨境交易很容易遭到来自第三方机构的影响，这是因为第三方机构的安全性也不能完全保证。因此采用中心化方式的跨境支付模式有许多安全性问题，并且层级代理结构使得跨境支付的收费相比国内支付更高（孙妍，2019）。

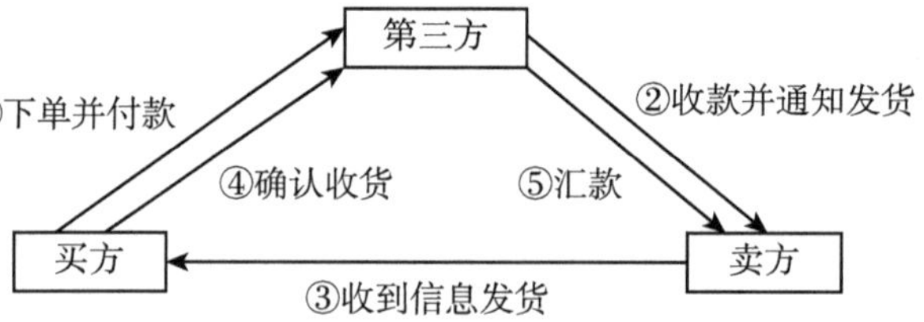

图4-3　中心化支付流程

（2）去中心化模式

区块链技术消除了第三方机构使得买卖双方直接交易，不仅降低了跨境支付的交易成本，提高交易效率，同时也杜绝了来自第三方机构的影响。利用区块链技术，使得跨境支付中买方与卖方直接交易，无需中间机构参与（见图4-4）。买方提交订单并付款后，使用区块链来完成储存转账信息并通过广播的形式发布出去，使得区块链中所有的节点都收到这一交易信息数据。卖方收款并发货，这一交易信息同样被区块链储存并通过广播的形式发布出去，买方最终确认收货。通过构建这样一个简化的去中心化模型可以发现，交易过程出现了本质改变。首先每个人的账本上都储存着完全一样的信息，如果有一个参与者的信息有所变化，不会影响到其他人账本上的原始交易记录，这些原始的信息都是交易过程完成的证明。支付流程出现这些变化，一方面是由于中心化传统模式的改变，另一方面是区块链技术分布式的存储方式优势的体现，跨境交易过程的真实性以及可信性都通过多个节点的信息备份方式得以实现，也可以让区块链中的每个人维护共同的数据，同时也可以相互监督交易过程中的行为（孙妍，2019）。

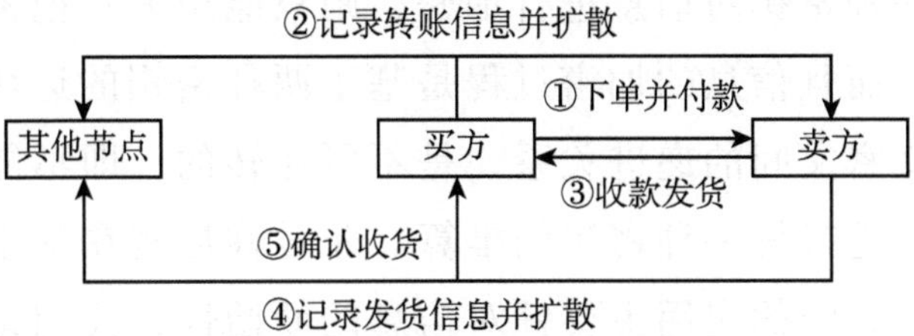

图 4－4　去中心化支付流程

2. 数据加密

区块链技术中信息和数据的真实性与可信性主要基于密码学和加密算法两种，即密码学的哈希函数与非对称加密算法，两种数据加密既可以对信息完整性的验证，也是对信息原始性的一种保障。

（1）哈希函数

密码学的哈希函数是对区块链中信息完整性的验证方式，是基于数学函数的一种简要网络发展和应用，主要设定模式为 Y = H（x），函数性质为有 x 可以轻易得出 Y 的结果，并且有且只有一个 x 值能够得到 Y，但有 Y 却不能得出 x 结果。在区块链中，每一个区块信息后面都有一个很小的函数值，而且具有相对人来说简便的计算方式，若买卖双方进行基于区块链的交易，一方在发出信息后，另一方则可再对信息后的函数值进行计算，对比两方结果就可以知晓信息是否被篡改，若被篡改，即使只有一丝一毫的差距，得到的结果也会完全不同。当然，交易信息中的计算与校验都是通过区块链系统与计算机技术。

（2）非对称加密算法

非对称加密算法在现有的电子支付模式中已经有了实际的应

用，即数字签章与数字签名，主要加密流程为：信息发出方—密钥加密—密文发送—信息接受方—密文解密。在区块链技术中，非对称加密实质上就是一种密钥的体现，密钥分为公钥和私钥，使用其中一种密钥对信息进行加密，则只能用另一把密钥进行解密与解读，而且信息的加密过程是基于两种密钥的运用，是两种密钥与明文密文间的递进关系，是不可逆转的，即不能利用信息和一种密钥进行另一种密钥的推算。非对称加密在基于区块链的电子支付模式中的应用主要针对信息的原始性，公钥是公开化的密钥，而私钥只有买卖双方的一方持有。若买方对信息进行私钥加密，则卖方接受信息利用公钥进行解密，在卖方看来，密文的对应私钥只有一个，而对应的持有私钥的买方就是信息的发送方，这就保证了信息的原始性与对应性。

在整个电子支付过程中，是对哈希函数与非对称加密算法的双重应用，买方发出信息，对信息作出哈希函数运算，并进行私钥加密，卖方收到信息则对信息再次进行哈希运算，并运用公钥进行密文解密，对比两个函数值，如果相同，则证明信息是买方发出的原始信息并且在过程中没有被进行任何的篡改（宋鹏杰，2018）。

3. 共识机制

在基于区块链的电子支付模式中，所谓的共识就是使所有参与区块链支付网络中的节点达成共识，共同认可已有的信息和新增区块。

共识机制中，信息的认证主要依赖两个方面，即多数主导与时间戳，主要解决的是针对同一个信息产生完全不同的两个节点。多数主导就是传统意义上的少数服从多数原则，当一个节点的信息产生并接入区块链网络时，邻近节点会优先记录，然后继续被其他节点所记录，当认证节点超过 50% 时，这个节点的信息真实性就会生效，这种多数原则既适用于节点较多的区块网络也适用于节点较少的区块网络。但如上面所说，若针对同一个内容产生两个不同信息节点，则会产生争议，此时时间戳也会作为属性价值加入每个区块，因为原则上基于计算机的计算速度，同一时间，即使在百万分之一秒的时间里也不会同时出现两个同样的信息节点，这时每一个先出现的节点信息中都会加入时间属性以供其他节点来进行认证，这样就保证了信息的唯一性，能够建立起一个独立的区块（宋鹏杰，2018）。

（三）智能技术与跨境物流的耦合对接

目前，我国跨境电商所应用的跨境物流模式主要包括邮政小包、商业快递、专线物流和海外仓四种，跨境物流所遇到的问题包括运输风险、通关风险、成本费用高、退换货难度大、货物丢失率高，无法做到跨境物流的全程追踪等（孙妍，2019；尹思凝，2019）。因此，加强跨境物流的智能化建设，实现跨境物流的全程追踪，解决物流运输过程中的信息不对称问题，是我国跨境电商亟待解决的一大问题。

区块链技术具有可以追溯、获取信息能力高效便捷的特点，因此利用区块链技术能够优化跨境电商中跨境物流领域所存在的不足与漏洞（阮俊霖，2024）。本书以区块链技术作为核心应用入手，发展智能技术的优势特征，结合跨境物流管理的主要需求，探究如何将智能技术应用于跨境供应链、跨境贸易、跨境通关等跨境物流的核心环节（李旭东、王耀求和王芳，2019）。

1. 供应链物流

建立以区块链技术为基础的跨境供应链物流信息平台，可完整、准确收集商品来源，制造、分销、零售等供应链物流过程的重要信息，并将其永久储存在区块链信息平台中，供共享且不可篡改，显著增强供应链上各参与成员（包括终端用户）查询和跟踪产品的便利性，提升溯源功能和信息透明度。例如，可利用平台信息证明所运输食品、药品的合法性，高价值商品厂家可借此提供正品证明，也有利于消费者有效鉴定商品是否为正品。图4-5所示为区块链技术在跨境供应链物流的应用模式。

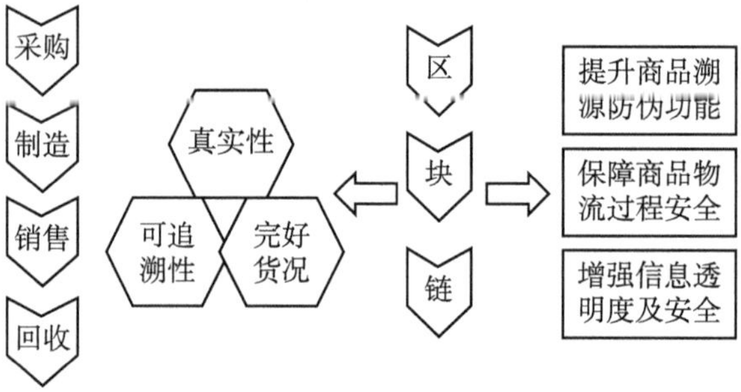

图4-5　区块链技术在跨境供应链物流的应用模式

例如，在进口食品领域中的应用。近年来，中国食品进口总量持续增长，可借助区块链技术完善食品跨境供应链的物流管理，增强进口食品在物流过程中的安全保障。在这种应用模式中，一方面，食品跨境供应链核心组织与各个合作伙伴联合构建区块链信息管理平台，以有效追溯食品的确切来源、监控食品处理的全过程，每一种特定食品的生产和出厂信息被详细记录，如果食品出现污染，可被快速应对并处理。另一方面，建立信息反馈机制，及时鉴别并纠正进口食品从农场到商店过程中的不当操作，如肉类食品不能超过一定的温度，食品传感器定时获取温度数据并传至区块链信息系统，自动化质量保证程序实时通知相关方，以防食品在物流过程中出现异常。此外，核心组织可以与供应链成员、同行业企业联合构建面向进口食品跨境供应链物流信息跟踪、溯源和安全的广泛合作组织——区块链进口食品安全联盟（李旭东、王耀求和王芳，2019）。

2. 贸易物流

基于智能技术的跨境物流系统，将物联网中的射频识别技术、区块链中的智能合约技术、大数据技术等应用于跨境物流中，构建包含跨境物流基础设施系统、作业系统、管理系统和信息系统四大系统的跨境物流体系（师宁等，2019），以实现贸易订单履行的简化和加快、跨境贸易物流效率的提高、贸易单证的安全高效传输以及自动履约等（李旭东、王耀求和王芳，2019）。图4-6所示为智能技术在跨境贸易物流的应用模式。

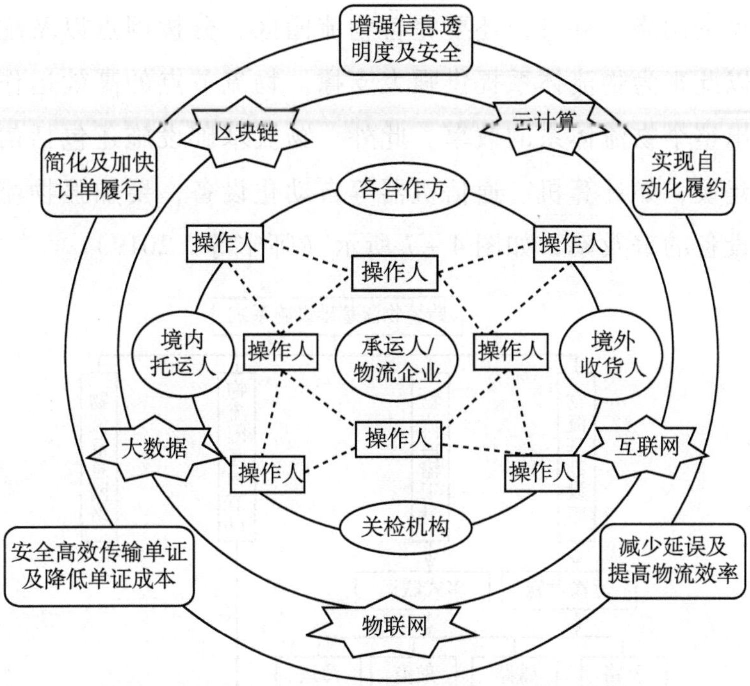

图4-6　智能技术在跨境贸易物流的应用模式

（1）跨境物流基础设施系统

跨境物流基础设施是跨境物流系统运行的物质基础，不仅是物流网络发展的关键内容，还是现代物流体系运行的基本保障，包括物流基础设施、物流运输的工具、物流的配送中心以及物流信息网络设施，主要作用在于有效促进现代化物流体系的建设，保障其运行。

运输线路的建设是物流基础设施的主干，要大力推动公路、铁路、航空和海运等运输线路的建设，呈现多式联运的格局，构建全方位的立体物流系统；要加强对运输车辆、货轮以及货机的研发力度，使得运输工具更加绿色、更加高效；要改变成本高、空载率高、周期长的运输方式，各运输工具充分发挥自身优势，解决好运输方式之间的协调问题，做到完美衔接，形成一体化的交通运输网络。并且，还要完善物流园区、分拨网点以及配送中心，以此来为物流体系提供强大支撑。物流节点的高效运作可以折射出整个物流体系的效率。此外，物流基础设施还包括信息设备的建设，如计算机、通信机器等自动化设备，要加强物流企业信息设备的普及率，如图4-7所示（师宁等，2019）。

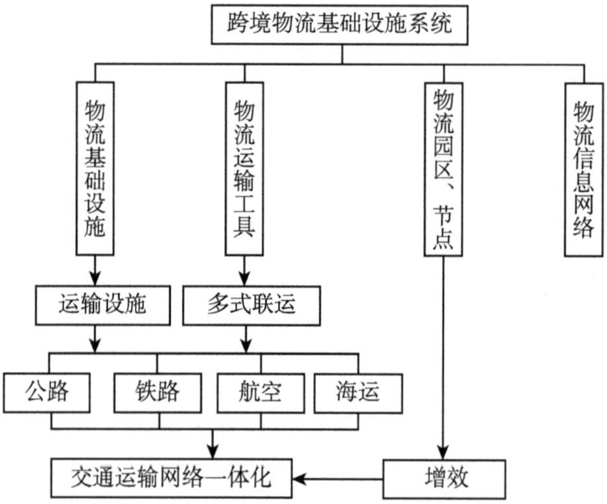

图4-7　跨境物流基础设施系统

（2）跨境物流作业系统

跨境物流作业系统主要是由物流的功能所组成的，在实际工作中不仅包括物品的包装，还要包括物品的运输和该商品在流通环节中的安全以及物品配送等内容。

现代跨境物流体系的作业系统必须符合一体化理念，广泛应用互联网、物联网、大数据和人工智能等新兴技术。仓储作业过程中应普及自动化立体仓库，大力运用射频识别（RFID）技术，建立仓储信息平台；在装卸搬运环节，将人、车、货互联互通，同时把各设施设备相连接，建立物联网；在流通加工方面，要大力普及人工智能技术，实现无人机干线运输以及配送运输，普及无人车以及自提柜的使用。同时，作业系统中的各环节都要依赖于物流信息系统，要保证信息及时传递与分享，实现跨境物流作业系统内部的互联互通，如图 4－8 所示（师宁等，2019）。

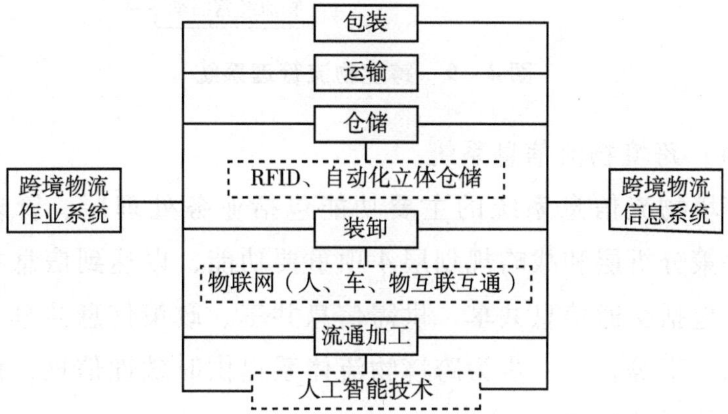

图 4－8　跨境物流作业系统

（3）跨境物流管理系统

跨境物流管理系统在实际工作中不仅需要保障对跨境物流体系内部形成有效管理，更重要的是要能够对外形成有效管理。

基于智能技术的跨境物流管理系统可以对物流系统的内外管

理提供有序保障，具体包括：物流管理组织、物流规章制度、物流业务流程、物流评价指标和物流经营活动。企业的跨境物流管理系统结合业务需要，可以从采购管理、生产加工管理、仓库管理、销售管理和系统维护管理五个功能模块进行功能设计。此外，在一些重要的跨境物流节点处建立综合运输管理系统，保证对跨境物流体系中的货物质量、交通安全、交通环境进行实时监测，并且通过云计算和大数据技术的支持，科学规划运输路线以及保障运输安全，提高跨境物流效率，如图4－9所示（师宁等，2019）。

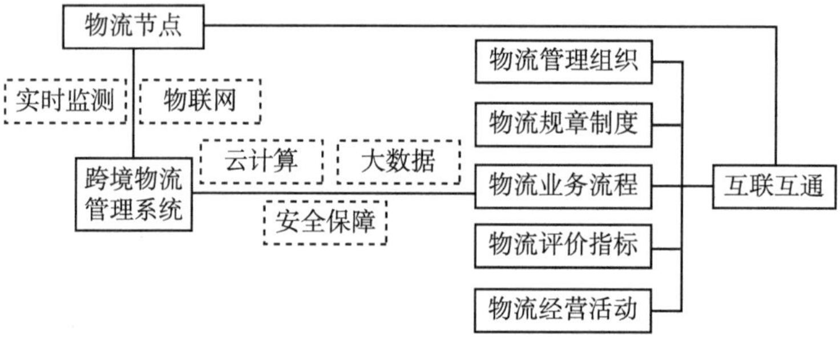

图4－9　跨境物流管理系统

（4）跨境物流信息系统

跨境物流信息系统的主要功能包括业务处理层、管理控制层、决策分析层和战略规划层4项重要功能，以达到信息共享的目的，包括交通信息共享、供需信息共享、政策信息共享、供应链信息共享等，进一步为跨境物流体系提供时效性信息，促进跨境物流体系的构建。

具体而言，跨境物流信息系统要建立在跨境物流基础设施系统之上，利用互联网技术的特点，通过电子计算机和通信设备及时提供相应的信息。积极利用RFID智能感测技术、无线电通信和北斗卫星定位系统，建立一个跨境物流体系和市场供需相结合的信息平台。信息系统还要实现各类信息的收集、传递、处理和分析，并在此基础上建立跨境物流中心后台的数据存储仓库，以信息处理技术为手段，负责面向不同用户进行信息的采集获取和交互发布。借助跨境物流信息系统平台，可以形成透明公开的行业环境，有助于政府、企业、公众的互动，促进一体化发展，如图 4－10 所示（师宁等，2019）。

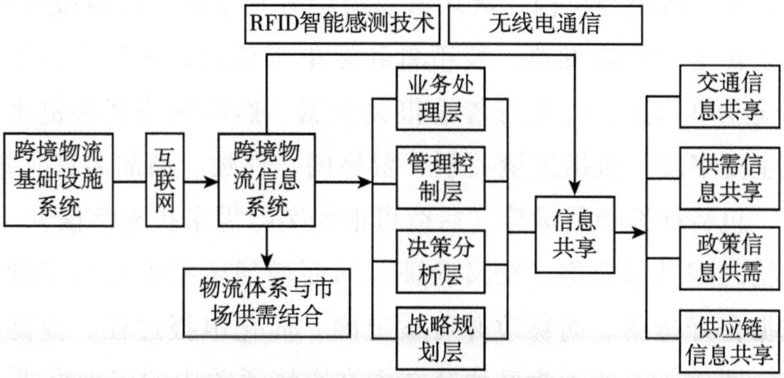

图 4－10　跨境物流信息系统

3. 跨境通关

通关是跨境物流的核心环节之一。在通关中既要严格把关、守好国门，又要提升通关速度以促进贸易便利化，这是通关“两难”。其中，重难点是确保进出境货物信息数据的可靠性，通常需要企业提供完整的单证资料以验证信息是否准确，包括现场查验货物，导致通关速度及通关体验难以提升。而将区块链技术与跨境通关领域进行融合应用，可化“两难”为“两全”。

区块链技术在跨境通关中的应用模式是将海关、商检部门、发货人企业、收货人企业、跨境运输承运人、国际货运代理、报关行、银行、保险公司、其他相关监管机构等相关组织串联起来，充分发挥区块链的信息数据可追溯、不可篡改、公开透明等技术优势，实现链上成员共享数据和交叉验证，自动抓取和比对所需信息，简化通关申报过程、提高整体通关效率，在防范造假、增强信息可靠性的同时，降低关检机构查核成本，并且提升企业通关资信地位。

报关单是通关单证中的核心文件，也是跨境通关应用区块链技术的典型载体。以进口为例，首先收货人、承运人或物流企业、报关行等核心机构在区块链系统中分别上链，在申报过程中，收货人在链上传输发票、装箱单和运单等信息，承运人或物流企业传输舱单信息，报关行传输报关数据；然后围绕区块链报关单上的主要字段，包括进境关别、贸易国、件数、商品名称、单价、币制、包装种类和数量等（后续可根据实际需求扩充字段），链上各机构之间共享数据、交叉验证，从而增强申报信息可靠性、实现数据公开透明、防篡改并可被追溯，简化申报过程、提高报关效率。图 4－11 所示为区块链技术在跨境通关中的应用模式。

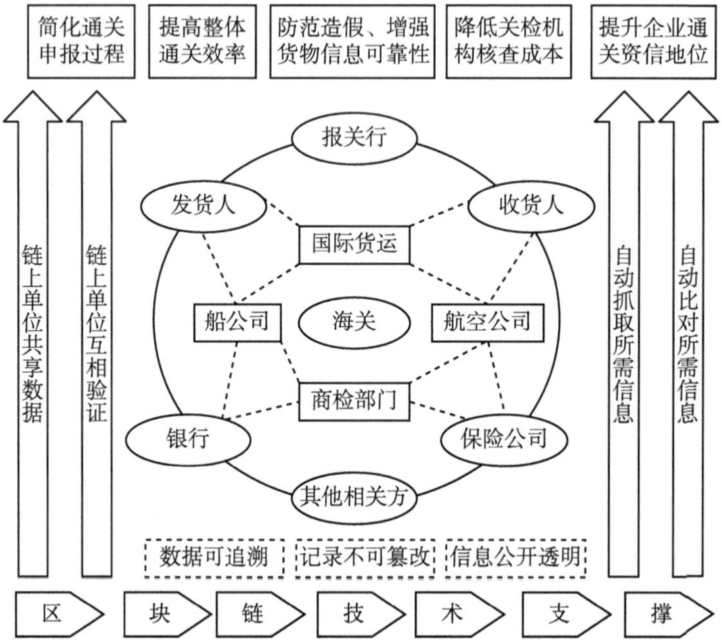

图 4－11　区块链技术在跨境通关中的应用模式

跨境通关应用区块链技术显著改变海关进出口申报模式，变传统“自证”模式为区块链“他证”模式。在“自证”模式中，由申报企业从内部及各合作方获取全套单证资料，提供给海关及商检机构；而在区块链“他证”模式中，由海关从申报企业的供应链成员，包括企业生产制造及上下游等合作单位获取所需一系列单证材料及信用数据；显而易见，在“自证”模式中，若企业欲对相关数据信息进行造假，相对简单；但在“他证”模式中，欲使整条供应链上各企业皆提供虚假信息则难度极大、造假成本极高。可见，跨境通关应用区块链技术可有效防范数据造假、增强进出境货物信息的可靠性，减少对货物的现场查验，加快通关速度及提升通关体验，既有助于海关严守国门，又实现通关效率提升，从而有效促进贸易便利化（李旭东、王耀求和王芳，2019）。

（四）智能技术与商品溯源的耦合对接

跨境商品溯源是运用便于记录的产品标识的方式，来追溯该产品的历史信息的能力，并且该产品标识应当确保指定的每批乃至每件产品都拥有全球唯一标识，从而确保标识符号与被溯源客体之间的逐一对应关系。通过健全跨境电商商品追溯系统，跨境电商业务的监管者、运营者及其消费者可以及时准确地获取被溯源对象的历史信息，有助于提升跨境电商商品质量监管部门的运作效能，增强跨境电商各主体之间的信息交互能力（梁福，2016）。比如，使用区块链技术加密的数据信息不可篡改、可以追溯、公平透明，可以打破跨境电子商务市场上信息不对称的局面，将区块链技术运用在商品的质量溯源、真假验证的领域是跨境电商发展的新飞跃（阮俊霖，2024）。

1. 溯源技术

目前，溯源技术主要分为四种，RFID 无线射频技术、二维码溯源技术、商品条码溯源技术、区块链溯源技术（刘歆玥，2019）。本书以区块链技术为核心，探讨商品溯源的实现方式。

具体而言，跨境商品溯源运用区块链中的时间戳和点对点传输技术、物联网技术、大数据技术以及云计算技术等，对跨境电商商品进行从源头开始的信息的采集和记录，建立一个用于查询跨境商品信息的数据库，为构建跨境商品溯源体系提供技术支撑，记录信息包括原料来源追溯、生产过程、加工环节、仓储信息、检验批次、物流周转到第三方质检、海关出入境、防伪鉴证的全过程信息（刘歆玥，2019）。

2. 溯源过程

区块链技术在商品质量控制方面的应用主要体现为溯源功能和信息实时性。也就是说，当且仅当商品被正确标识后，才能有效地实现溯源功能。因为区块链技术可以完整地记录商品的交易信息且不能篡改，所以商品溯源的过程可完全依照区块链技术展开。

商品信息从原材料开始，经过授权记录人进行数字签名后，按照交易时间的顺序依次记录，随着记录授权人的不断变更，商品流转信息便形成了完整的区块链，最后以识读图形的形式展示。当客户或者海关想要查询货物真实信息的时候，只需要识读图形，便进入了归属自己查询权限的数据库，选取自己需要的商品信息，这个识读图形可称为电子标签，具体可见图 4－12 基于区块链技术的电子标签模板（李海波，2016）。

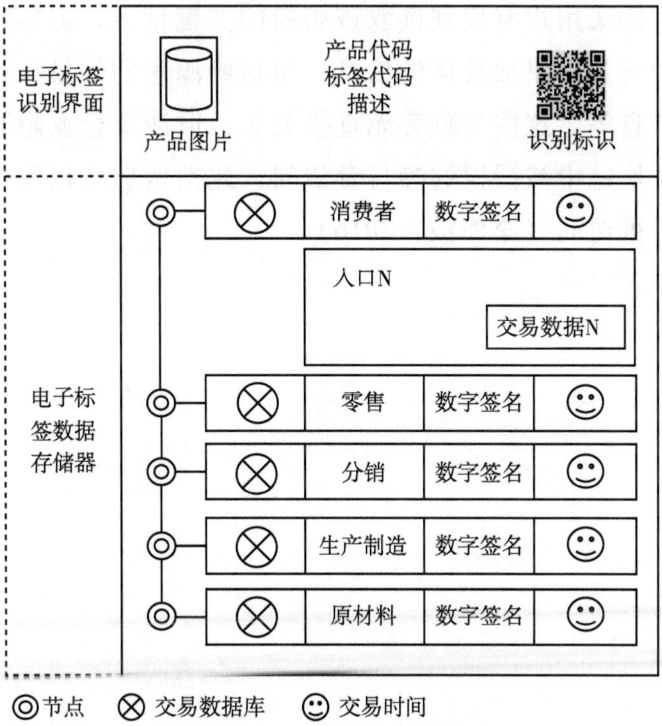

图4－12　基于区块链技术的电子标签模板

3. 应用实例

当前，各大电子商务公司均在积极试图运用区块链技术解决跨境电商溯源难题，阿里巴巴通过建立海淘商品溯源体系并协助茅台建立云商平台，腾讯联合中物联推出区块供应链联盟链及云单平台，京东推出的京东区块链防伪溯源平台并和京东的物流及跨境物流系统打通（刘歆玥，2019）。

通过奶粉进口，分析商品溯源过程。指定奶粉产品的外包装上有一个识读图形，通过识别设备进入食品溯源系统，系统显示一个电子信息文档，文档包含了该产品的奶源信息、生产日期、产品检验信息以及海外仓存储信息、物流路线、交通工具和转运时间等。购买用户有权利读取该奶粉的关键信息，但实际上，信息文档中还包含更加具体的信息，包括奶源采购信息、奶牛的生长环境信息等。这些与顾客无直接关系，但涉及企业隐私的信息只能由区块链中被授权的参与者访问，此类信息会在发生食品安全问题后被访问（李海波，2016）。

第五章 河南省跨境电子商务发展现状及存在问题

一、河南省跨境电商的整体发展现状

（一）跨境电商交易规模

河南省跨境电商的整体交易规模不断扩大、产业链不断完善、交易产品类型丰富以及产品流向趋于稳定，“买全球、卖全球”的局面逐步凸显。

在交易规模方面，河南省跨境交易规模不断增长。根据河南省商务厅相关数据，河南省跨境电商的规模由 2015 年的 311.4 亿元到 2017 年底突破千亿元大关，2018 年全省跨境电商进出口（含快递包裹）1 289.2 亿元，其中出口 928.2 亿元，增长 21.7%；进口 361.0 亿元，增长 37.7%。2019 年，全省跨境电商进出口（含快递包裹）1 581.3 亿元，增长 22.7%，其中出口1 133.7亿元，增长 22.1%；进口 447.6 亿元，增长 24.0%。2020 年，全省跨境电商进出口（含快递包裹）1 745.0 亿元、增长 10.4%，其中出口 1 275.7 亿元、增长 12.5%，进口 469.3 亿元、增长 4.8%；快递包裹出口 53.4 亿元、下降 64.0%；其中漯河、郑州、焦作、开封、鹤壁、驻马店、商丘、濮阳 8 市增长超过 15%。根据河南省统计局相关数据，2021 年全省跨境电商进出口交易额为 2 018.3 亿元（含快递包裹），同比增长 15.7%。其中，出口 1 475.5 亿元，同比增长 15.7%；进口 542.8 亿元，同比增长 16.0%。根据河南省人民政府新闻办公室，2022 年全省跨境电商进出口额 2 209.2 亿元，是 2016 年的 2.9 倍，年均增长 33.8%（河南省政府新闻办，2023）。根据河南省统计局相关数据，2023 年上半年全省跨境电商进出口交易额 1 224.7 亿元（含快递包裹），同比增长 10.1%；其中，出口 947.3 亿元，同比增长 13.2%，进口 277.4 亿元，同比增长 0.8%（河南省统计局第三产业调查室，2023）。

郑州的跨境电商发展因其区位优势、政策优势等在全省居于前列。河南保税物流中心、中欧班列、国际机场等都位于郑州为其跨境电商产业发展奠定了基础；郑州作为省会城市，其经济社会发展及消费者购买能力等处于全省最高水平，并且人们更容易接受新鲜事物、更易于接受互联网购物模式；跨境电商大会以及利好政策大多集中在郑州，如"丝路电商"国际合作（郑州）论坛、全球跨境电子商务大会等（杨慧如，2022）。根据郑州海关数据，郑州海关从 2012 年至今对跨境电商进出口清单共计验放 2 亿余单，商品总值已超过 200 亿元，存案商品品种高达 25.9 万种，2018 年郑州海关在河南省跨境电商方面的进出口清单达到 9 507.3 万票（李娟，2019；王芷芊和朱瑞雪，2018）。2019 年，郑州海关共监管跨境电商零售进出口清单 12 679.6 万票，增长 32.8%；货值 161.7 亿元，增长 34.3%，其中，出口清单 4 745.1 万票，货值 49.2 亿元；进口清单 7 934.5 万票，货值 112.5 亿元。根据河南省商务厅统计数据，2020 年郑州市跨境电商进出口 916.4 亿元，增长 22.8%，规模占各省辖市总额的 52.5%；同年，郑州海关共验放跨境电商进出口清单 2.43 亿单，货值 306 亿元，比上年分别增长 91.5% 和 89.4%，其中进口 7 582.4 万单、出口 1.67 亿单，实现跨越式增长（赵振杰，2021）。2021 年，郑州市跨境电子商务交易额达 1 092.47 亿元，同比增长

17.35%（孙静，2022）。

在产业链发展方面，各类型企业数量逐渐增加。目前，在河南省商务厅备案的5 909家电商企业中，跨境电子商务产业链相关企业近4 000家，其中仅在2017年，河南省引进与跨境电子商务业务相关的电商、物流、仓储、报关、第三方支付、人才培养的企业有199家。并且，河南省内的180个电商园区大多是以跨境电商为主，产业链不断得到完善（李娟，2019）。电商行业的龙头企业在河南省启动了跨境电子商务业务，还有许多河南省本土企业借助各种进出口平台宣传企业产品以及收集其他企业信息（吴锐侠，2021）。郑州航空港实验区“1＋1＋7”的口岸体系不断完善，已经形成内陆地区最完善的口岸体系；电子口岸集合全贸易模式，每秒通关500单，跨境电商业务规模不断扩大，形成了包括电商平台、仓储、物流、关务、结算企业在内的跨境产业链（陈萍，2021）。

在交易产品类型及流向方面，产品类型较多，进出口市场逐步多元化。随着“一带一路”建设，河南省跨境电商进出口流向基本稳定，流量不断加大。进口主要流向为东南亚、欧洲、澳大利亚等国家，以B2B、B2C、C2C等交易为主，交易产品主要是工业品和日常消费品；出口主要流向为北美洲、欧洲、东亚、东南亚等国家和地区，以B2B交易为主，交易产品主要是河南省本土特色优势产品，包括日常消费品、特色农副产品、工业品等，如许昌瑞贝卡假发、漯河三全思念冷冻食品等日常消费品，中牟大蒜、新郑红枣、西峡香菇等特色农副产品，风神轮胎、汽车、钢铁、橡胶、电子产品等工业品，见表5－1（李晓沛，2018）。此外，2021年，许昌市跨境电商交易额约180.6亿元，同比增长约6.8%，形成了全国的发制品出口基地；南阳市跨境电商交易额约134.2亿元，同比增长约57.2%，培育形成仿真花、光学仪器等产业；洛阳市跨境电商交易额约61.7亿元，同比增长约18.7%，初步形成了工程机械、办公家具等产业集群（杨霄，2022）。

表5－1　　河南省进出口跨境电了商务产品品种

	分类	主要产品
进口跨境电商	日常消费品	电子产品、食品、保健品、美妆、母婴产品、鞋服饰包产品
	工业品	特色优势产业生产所需原材料或配件
出口跨境电商	日常消费品	许昌瑞贝卡假发、漯河三全思念冷冻食品
	特色农副产品	中牟大蒜、新郑大枣、西峡香菇
	工业品	风神轮胎、汽车、钢铁、橡胶、电子产品

（二）跨境电商基础设施

河南省跨境电子商务的基础设施建设不断完善，其中，跨境交易平台和跨境物流设施建设取得一定成效（李娟，2019）。

河南省企业借助“一带一路”的不断发展，跨境电子商务平台将产品推广到世界各地。从进出口企业使用平台看，国内外龙头电子商务平台都在河南省内开启了与跨境电子商务相关的业务。出口方面，本土企业大多入驻这些知名的电子商务平台来进行信息收集与产品宣传。而河南省本土跨境电子商务平台不断完善自身发展，与海外营销公司合作来实现产品销路的不断推广，与银行合作来实现线上支付与银行体系的完美衔接，实现资金的安全流通，增加生产企业对于跨境电子商务平台运行能力的信心。对于河南省关于进口的消费需求，知名的物流企业、电子商务平台、零售连锁企业等项目落地建设，提高了消费者从境外购买商品的效率。河南省跨境电商进口平台亦在海外建立海外仓用作采购仓，与河南保税物流中心完成“仓仓对接”。同时，郑州作为河南乃至中国重要的交通枢纽，在郑州航空港区建设成为国家发展战略之后，企业纷纷入驻航空港区，多数电商企业在港区设仓储、配送与呼叫中心。

河南省不断践行“买全球卖全球”目标，初步建成连通境内外、辐射东中西的物流通道枢纽，“空、陆、网、海”四条丝绸之路建设成果显著（李富，2022）。在“空中丝绸之路”方面，河南省现有国家一类航空口岸 2 个（郑州新郑国际机场、洛阳北郊机场）、4F 级国际民用机场 1 个（郑州新郑国际机场）、4D 机场 2 个（洛阳北郊机场、南阳姜营机场）、4C 级民用机场 1 个（信阳明港机场），2025 年前将再建成 4C 级机场 5 个（安阳、平顶山、周口、商丘、三门峡），规划改建新建机场 3 个（郑州上街、济源、潢川）。在“陆上丝绸之路”方面，初步形成“六口岸、十站点”的国际物流线路网络，境外以德国汉堡、慕尼黑，比利时列日，俄罗斯莫斯科为一级枢纽，巴黎、布拉格、华沙以及沿途的马拉舍维奇、布列斯特等为二级集疏中心，国外集装箱还箱场站 46 个，网络覆盖 30 多个国家 130 多个城市，境内外合作伙伴逾 6 000 家。“网上丝绸之路”方面，河南保税集团推动郑州海关首创跨境电商 B2C 的“1210”“9610”监管模式，2020 年获批“9710”和“9810”模式试点，尤其是中国（郑州）跨境电子商务综合试验区于 2016 年获批后，全省累计新注册含跨境电商字号的企业数量不断上升。在“海上丝绸之路”方面，河南省作为不沿边、不靠海、不临江的经济大省，创新铁水联运方式，引进沿海港口业务，着力打造“无水港”，借助省内现有水系，不断开挖拓宽内河航道，实现内河复航进而通江达海，构建水陆海联运体系，目前已开通郑州至连云港、青岛、天津、宁波舟山，驻马店至青岛、宁波舟山，洛阳、信阳至宁波舟山，焦作至青岛，安阳至天津，台前县至日照，潢川至武汉阳逻等铁海联运班列线路12条。

在跨境电商企业的贸易交易中，影响消费者选择交易的因素包括跨区域配送时间的周期性和商品运送的安全性。根据河南省商务厅数据，2017年6月，河南企业在境外设立海外仓数量约60家，遍布美国、俄罗斯、澳大利亚以及非洲、南非一些国家。截至2022年，郑州联钢实业有限公司、宇通客车股份有限公司等21家企业在32个共建“一带一路”国家设有66个海外仓，面积27万平方米，包括3个公共海外仓，22个自用海外仓，41个租用海外仓，成为巩固跨境电商优势、服务“一带一路”建设的新载体（河南省政府新闻办，2023）。

此外，河南省发改委2022年印发《关于印发河南省“十四五”新型基础设施建设规划的通知》，在跨境电商方面提出“推进郑汴洛互联网国际专用通道等关键枢纽设施扩容升级，吸引跨境电商、软件与信息服务外包企业入驻中国（河南）自由贸易试验区，促进郑汴洛外向型数字经济发展”以及“建设跨境电子商务金融结算平台，扩大金融服务跨境合作”，强调应用智能技术、数字技术促进传统基础设施转型升级，进而回应跨境电商高质量发展的现实需要。

（三）跨境电商通关监管

河南省在跨境电商通关监管创新方面走在全国前列，较为典型的通关监管模式有“1210”模式、关检合作“三个一”、查验监管“双随机”、跨境“秒通关”等。

1. 首创“1210”模式

郑州“1210”模式，又称“保税备货”模式，是全国首创

"电子商务+行邮监管+保税中心"的通关监管模式，对事前、事中、事后监管力量进行整合，并通过在物流交付环节引入第三方主体，对经营企业、代理企业、产品等进行集中申报备案，将监管前推后移，实现通关便利化（李晓沛，2018）。比如，商家从境外集中采购商品，进入海关特殊监管区域保税仓库内存储，消费者在电商平台下单后由物流公司直接从保税仓库配送至客户，销售一件清关一件，没有卖出的不能出保税中心，但也无需报关，还可直接退回国外。

2014 年，该模式被海关总署授予"1210"监管代码并在全国范围内推广。2018 年，该模式又被世界海关组织纳入跨境电商标准框架蓝本向全球海关推介；同年，河南保税集团与卢森堡大公国政府签订谅解备忘录，"1210"模式迈出海外反向复制第一步。

2. 通关监管三大创新

关检合作"三个一"（一次申报、一次查验、一次放行），查验监管"双随机"（随机选择布控、随机派员查验），跨境"秒通关"是郑州在通关监管模式上的三大创新。

其中，关检合作"三个一"是海关和检验检疫部门依托电子口岸信息系统，实现"一次申报，一次查验，一次放行"通关作业模式的简称，是海关和检验检疫以"体制不变，机制优化"为原则，依托电子口岸信息系统，通过机制优化、模式创新和执法合作，在企业申报、关检查验及放行三个环节进行协调简化，使通关手续更简便，作业流程更优化，以达到减少重复作业，节约企业通关成本，提高口岸通关效率和关检执法效能的目的。查验监管"双随机"是指海关依法实施进出口货物监管过程中，在货物进出口通关环节，随机抽取检查对象、随机选派海关执法人员实施海关查验。跨境业务"秒通关"是 2015 年 9 月，李克强总理考察河南保税物流中心，了解创新通关模式并实行货物“双随机”抽检后，这里货物的通关时间从数天、数小时进入“秒通关”时代，真正实现“流程全监管，订单秒放行”的新型通关监管模式。

此外，河南省跨境电商在商业模式上也取得了创新成果，即郑州首创的“海淘不用等、现场提货走”的跨境电商线下自提模式（跨境 O2O 自提模式），该模式已面向全国复制推广。2017 年 7 月 28 日，在全球跨境电子商务创新成果展上，郑州海关驻郑州经开区办事处相关负责人结合实单测试现场演示，讲解了郑州海关在全国首创的“跨境电商 O2O 线下自提业务流程”，从消费者来店下单到自提完成共需 5 个步骤，分别是“快速注册”“线上下单”“四单申报”“海关审核”“线下自提”，现场测试演示结果显示消费者不到 5 分钟就可以买到自己心仪的商品。郑州海关研究提出的展示展销现场提货模式创新监管方案，在郑州跨境电商综试区中大门保税直购体验中心率先实现了 O2O 线下自提，为全国提供了创新监管样板，“中大门”也实现了跨境新零售在全国的率先落地。

二、郑州跨境电商综试区的发展现状

（一）郑州跨境电商综试区总体情况

1. 业务发展位居全国前列

自 2016 年 1 月获批以来，郑州跨境电商综试区作为河南省跨境电商发展的主阵地，得到了快速发展。2018 年，郑州市全市跨境电子商务交易额 86.4 亿美元，同比增长 25.1%，其中出口 50.6 亿美元，进口 35.8 亿美元。2019 年 1—10 月，郑州市全市跨境电商交易额 90.3 亿美元，同比增长 22.2%，约占河南省全省交易额一半。其中，经开区河南保税物流中心进出口单量 4 117.09万票，同比下降 0.30%，货值 63.23 亿元，同比下降 0.18%。航空港实验区新郑综保区进出口单量 5 046.64 万票，同比增长 244.51%，货值 48.07 亿元，增长 184.53%。2021 年 10 月，商务部首次对全国前五批共 105 个跨境电商综试区开展综合考核评估，郑州跨境电商综试区排名处于第一档（全国共 10 个）（张金灿，2022）。

2. 政策体系不断完善

郑州跨境电商综试区获批后，先后制定出台了《中国（郑州）跨境电子商务综合试验区行动计划（2016—2018）》，提出郑州市建设“三中心一高地”（全球网购商品集疏分拨中心、跨境电商创业创新中心、跨境电商大数据服务中心、跨境电商带动产业转型发展新高地）的总体目标、“三平台七体系”（三平台：跨境电商线上综合信息服务平台、线下综合园区平台、人才培养和企业孵化平台；七体系：跨境电商信息共享体系、金融服务体系、智能物流体系、信用管理体系、质量安全体系、统计监测体系、风险防控体系）的主要任务、“一核两区多园”（一核：河南保税物流中心周边区域；两区：航空港区、经开区；多园：其他县区、开发区）的产业布局，编制了《郑州市跨境电子商务综合试验区发展规划（2018—2020）》，对综试区建设进行了全面布局，出台了《郑州市人民政府关于加快推进跨境电子商务发展的实施意见》（郑政〔2018〕4 号），为跨境电商发展提供政策支持。

3. 跨境电商便捷便利持续提升

在海关等监管部门的支持下，郑州积极探索实践，实现了跨境电商全程无纸化通关。河南保税物流中心E贸易综合服务信息平台日均处理能力峰值可达1 000万包，通关速度提升到每秒500单。2019年，“双十一”当天，航空港实验区“单一窗口”申报单量达到531.7万单，货值7.29亿元，是2018年同期单量的3.6倍，位居全国口岸第三。创新监管手段，实现“即报即备”“即查即放”。跨境电商进出口零售企业注册备案模式已简化为信息登记模式。对商品和企业进行双分级，实施信用为基础、风险管理为核心的差别化分类监管。建立“提前申报、快速核放、分类监管、质量追溯”的监管方式。

4. 跨境电商产业发展迅猛

跨境电商企业招商成效显著。郑州市通过与阿里巴巴、豌豆公主等知名电商企业对接，推进阿里巴巴客户体验中心、豌豆公主区域总部落地郑州；国家级、省级、市级电子商务示范基地、示范园、示范企业成效批量增加。目前，全市培育创建国家级电子商务示范基地和示范企业9个，省级电子商务示范基地和示范企业100个，市级电子商务示范企业和示范园区137个、人才教育示范基地6个；省级跨境电商示范园区7个、跨境电商人才培养暨企业孵化平台5家，市级跨境电商示范园区10个、跨境电商人才培养暨企业孵化平台5家，形成了良好的跨境电商发展生态。跨境电商推动出口。通过引导传统企业“上线触网”，一批传统外贸企业、工业制造企业跨境电商业务保持快速增长，“跨境电商+”发展模式助推“郑州制造”更好更快走出国门。跨境电商进口药品监管服务试点建设稳步推进。拟定了药品试点商业创新方案和药品测试工作方案，初步搭建了应用辅助系统，对基础设施进行了改造建设，已具备业务实单测试的条件和能力。保税网购“1210”监管服务模式在全国各跨境电商综试区复制推广，在波兰、美国、俄罗斯取得阶段性进展。O2O 跨境零售商业模式平稳运营，实现“现场下单、现场提货”。创办郑州电子商务大讲堂、郑州电子商务“晓沙龙”、郑州市电子商务专家委员会，构建了高层论坛、中层讲座、基层实训三级培训机制，举办郑州电子商务大讲堂 27 期，邀请 130 多位知名专家授课，线下培训 3 万余人次，线上 200 万余人次，有效缓解了跨境电商人才短缺问题。

（二）经开区跨境电商的发展情况

1. 跨境电商规模效应凸显

截至 2019 年 11 月底，经开区进出口货值共计约 89.40 亿元，同比增长与上一年持平，进口约 48.58 亿元，同比下降 69.32%，出口约 40.73 亿元，同比增长 77.69%。走货量约 8 745.19 万包，同比下降 33.43%，其中进口约 3 000 余万包，同比下降 80.75%，出口约 5 700 余万包，同比增长与上一年持平。

河南保税物流中心、郑州出口加工区、郑州国际陆港、凯越跨境电商产业园、河南商报跨境电商产业园、河南邮政跨境电商产业园、豫满全球跨境电商产业园这 7 个专业园区已成为推动经开区跨境电商发展的主要载体，经开区跨境电商形成了“多园区、多模式、多平台、多主体”的发展格局。同时，产业集聚效应不断增强，重点引进和培育豫满全球、豌豆公主、傲基、万国优品、菜鸟、DHL、中通国际、中国邮政、支付宝、财付通等行业龙头企业，产业体系和服务体系不断完善。并且，辐射带动效应逐步增强，全球跨境电商大会已成功举办三届，正成为我省扩大对外开放、推进产业发展的新平台。河南保税集团已与昆明、临沂、南宁等城市围绕“1210”进口模式复制推广开展合作，与卢森堡等境外城市围绕“1210”出口模式反向复制开展合作。

2. 监管方式和商业模式持续创新

经开区在跨境保税零售进口海关监管模式（监管代码“1210”）的基础上，积极探索了“O2O 线下自提”“一区多功能”“一店多模式”“班列 + 电商”等商业模式，改革创新经验已复制推广。国家药监局于今年 4 月 12 日批准设立河南省跨境电商进口药品和医疗器械试点，支持我省大胆探索“互联网 + 医疗健康”。

3. 跨境电商配套服务不断优化

“零费区”政策的出台有效提升了经开区跨境电商营商环境。跨境电商通关信息服务平台已实现企业与海关、公安、银行等部门信息互联互通。经开区现有的 41.43 万平方米保税仓和“1 + 9”智能分拣中心等设施为产业发展提供了良好条件。已投入使用的 12 个“一带一路”沿线国家海外仓，提升了物流分拨效能。

（三）航空港区跨境电商发展情况

1. 跨境电商集聚力显现

现已有天猫国际、京东全球购、苏宁海外购、唯品会等 710 家跨境电商企业开展业务，形成了包括电商平台、仓储、物流、关务、结算企业在内的跨境产业链。2019 年 1—11 月，航空港实验区跨境进出口单量 6 425.44 万单，货值 62.14 亿元，同比分别增长 246.90% 和 192.64%。其中，进口业务 4 402.31 万单，货值

55.04亿元，同比分别增长179.81%和200.96%；出口业务2 023.13万单，货值7.09亿元，同比分别增长625.31%和140.96%。并且，逐步实现多口岸支撑跨境贸易建设。郑州新郑综合保税区已建成的鲜花、鲜果、水产品、肉类、活牛、邮政等口岸作业区实现了“区港联动”与“机公铁”不同运输方式的无缝衔接。

2. 跨境出口业务模式创新

自2018年以来，航空港实验区积极探索跨境出口业务新模式，实现与“一带一路”国家之间的“监管互认、数据共享”，将跨境商品采取在航空港实验区集货、理货，通过系统自动化归类、生成班列沿途国家的通关单证，然后在铁路集装箱中心站通过中欧（郑州）班列运输的方式，运达比利时列日，销往欧洲各个国家。2019年3月2日，中欧班列（郑州）首条跨境电商专线“菜鸟号”正式开通，解决了国内航空不能运输跨境电商小包大件货物、液体、带电物品的难题，物流费用降低了30%，探索出一条可复制、可推广的跨境出口陆路运输的新物流通途。

3. 系统通关承担能力不断提升

航空港实验区投资建设了中国（河南）国际贸易“单一窗口”，已实现海关、税务、外汇、公安等政府管理部门之间及电商、物流、金融机构等商业主体信息共享，“一次申报、一次检验、一次放行”，系统通关能力已由70单/秒提高到500单/秒，有力提升了数据传输、处理速度和通关效率，为跨境业务规模化发展奠定了基础。

（四）河南保税物流集团发展情况

河南省进口物资公共保税中心集团有限公司（简称“河南保

税集团”）是国家（河南）B型保税物流中心的运营主体。河南保税集团是混合所有制企业，公司总资产逾60亿元，股份构成情况：郑州经开投资发展有限公司持股比例为41.43%，香港高鹏（集团）有限公司持股比例为39.81%，深圳东银富海投资合伙企业（有限合伙）持股比例为18.76%。

2012年7月获得国家级试点——郑州跨境贸易电子商务服务试点（E贸易）项目承建单位资质以来，河南保税集团发展逐步进入快车道，赢得国家领导高度关注。2014年5月10日，习近平总书记勉励集团向“买全球、卖全球”目标迈进；2015年9月24日，李克强总理盛赞“秒通关”系统，并勉励“要在质疑中成长”。

1. 通关监管模式创新

一是首创“1210”模式。近年来，郑州积极探索实践，首创的“1210”通关监管模式已在南宁、呼和浩特、乌鲁木齐等5个城市成功复制，国际上正在逐步实现在美国、卢森堡、越南等G20、“一带一路”国家反向复制。二是创新“一区多功能”模式和“三个一”监管服务机制，在同一区域内对一般贸易、保税货物等6种类型货物实现综合监管。三是实现了“一次申报、一次查验、一次放行”，提高通关效率，实现高效监管。四是获批郑州药品进口口岸。2019年12月，郑州药品进口口岸正式获批，研究跨境电商药品进口过程中涉及的系列制度，切实解决医疗民生领域的痛点问题。

2. 国际标准与规则推广

郑州作为跨境电商“1210”模式的策源地，发起成立跨境电商标准与规则创新促进联盟，共同探索推进跨境电商的标准与规则创新，为中国占据国际贸易新规则话语权奠定基础。2017 年 9 月 28 日，河南保税集团首创的《郑州模式：E 国际贸易——中国解决方案》在世界贸易组织（WTO）公共论坛发布，得到了国际与会者的强烈反响。2018 年 6 月，世界海关组织发布了以河南“1210”监管模式为蓝本的《跨境电商标准框架》，成为世界海关跨境电商监管与服务的首个指导性文件。

3. 跨境电商 O2O 零售新模式

中大门国际购物公园作为河南保税物流中心的全资子公司，定位在基于 E 贸易的 O2O 式跨境电子商务平台是全国跨境电商综合试验区代表，采用 B2B2C 模式打造全品类的消费体验，于 2017 年首创跨境电商线下自提模式，并且于 2018 年面向全国复制推广。

具体的实施方案：在后端通过全渠道 ERP 系统对接 E 贸易系统、“秒通关”的信息化系统，大幅提升海关报检和订单对接效率，为顾客跨境 O2O 提货加码速度；在前端体验中心，借助 APP 自营馆，搭建海量商品移动商城，进而打通 PC 端、门店端、移动端，构建全渠道 O2O 商圈平台；此外，基于秒通关技术，创新地引入“前店后仓”模式，实现跨境 O2O 线上下单、线下 2 分钟报关提货。

三、河南省跨境电子商务发展的主要成效

随着河南省各级政府的积极推进和各社会主体的积极参与，河南省跨境电子商务发展已取得了一定成效。

第一，政策支持力度凸显。自 1999 年中国外贸出口实现互联网化，我国电子商务发展迅速，国务院、各部委及省级/市级层面出台多项跨境电子商务相关政策文件，政策数量逐年增长，体现出了国家层面、省级层面以及各地市对跨境电子商务发展的重视。政策所涉及领域十分广泛，形式灵活多样，几乎囊括了税收、支付、监管、物流、企业发展等方方面面，有效地指导了河南省跨境电子商务发展实践。

第二，河南省跨境电商的业务发展稳定上升，整体交易规模不断扩大。全省跨境电商规模由 2015 年的 311.4 亿元不断增加到 2018 年的 1 289.2 亿元（含快递包裹）；2019 年，全省跨境电商进出口（含快递包裹）1 581.3 亿元，增长 22.7%。跨境电商增幅超过 30% 的有焦作、鹤壁、漯河、周口、驻马店和济源示范区，整体来看，全省跨境电商业务发展趋势向好，增长速度较快。

第三，产业链条逐步形成。河南省跨境电商努力朝着“买全球、卖全球”的目标迈进，“高位谋划，高层推动，先行先试”，统筹推进跨境电商产业发展。我省高标准规划建设了河南保税物流中心、世航之窗、中国中部电子商务港、郑州邮政跨境电商产业园等跨境电商特色产业集群，阿里巴巴、聚美优品、网易、唯品会、京东、小红书等境内外知名企业相继落户并实际开展业务，同时越来越多传统外贸企业和制造企业也开始陆续开展跨境电商业务。

第四，基础设施不断完善。河南省跨境交易平台和跨境物流设施建设取得一定成效，一方面，国内知名电子商务平台，如淘宝、京东、唯品会等，均在河南省内开设了相关业务，另一方面，河南省本土的跨境电商平台也得到了长足的发展，建设不断完善，并通过与海外营销公司以及银行的合作来推动自身发展。此外，还在美国、澳大利亚、俄罗斯等国家设立了众多的海外仓库。

第五，通关监管持续创新。在海关等部门的支持下，郑州积极探索实践跨境电商通关监管模式，积极促进贸易便利化、自由化。全国范围内，郑州首创的"电子商务+行邮监管+保税中心"的"1210"通关监管模式已陆续在其他省市复制推广，被世界海关组织向全球海关推荐；关检合作"三个一"（一次申报、一次查验、一次放行），查验监管"双随机"（随机选择布控、随机派员查验），跨境"秒通关"也是郑州E贸易试点在通关监管模式上的三大创新。

四、河南省跨境电子商务发展的主要问题

河南省跨境电商的发展取得了一些成果，但与国内外先进地区相比，在跨境信用、跨境物流、跨境支付、跨境通关、人才资源、跨境电商综试区发展等方面仍存在一些问题。

（一）跨境信用问题

跨境电商的参与主体依托跨境交易平台进行跨境交易，交易过程烦琐复杂且涉及不同的国家或地区，存在时空差异和文化差异，购物习惯与沟通方式与国内电商存在差别。因此，相对于国内电商而言，跨境电商不可避免地产生跨境信用问题，主要包括买方失信问题、卖方失信问题以及物流失信问题（刘歆玥，2019）。

1. 卖方失信问题

首先，跨境电商与国内电商有第三方支付平台做保证有所不同，当消费者在跨境电商平台进行购物时，必须先支付货款给卖

家，但仅通过卖家发布的产品图片及介绍并不能真正了解产品的质量，而且无法对卖家的信用作出有效判断。虽然，天猫国际、亚马逊、网易考拉海购等大部分跨境电商平台提供卖家信用评级体系，但是不可避免其中有恶意刷好评的现象存在。因此，虚假宣传、信息外泄和虚假承诺是卖方失信的主要现象。

2. 买方失信问题

卖家也无法判定买家的信用，因为消费者在进行跨境购物时，通常选择信用卡支付，而当收到货物时，以货物损坏为理由拒绝收货，从而使得卖家货财两空。虽然，天猫国际、亚马逊、网易考拉海购等大部分跨境电商平台提供买家信用评级体系，但是不可避免其中有恶意刷差评的现象存在。并且，当前也缺乏政府以及第三方平台对该现象进行监督，完全依靠跨境电商平台自身的力量远远不足。因此，虚假支付、拒绝收货和恶意投诉是买方失信的主要现象。

3. 物流失信问题

由于跨境物流信息不对称等因素，消费者很难像购买国内产品一样对所购商品物流信息进行实时追踪，也影响监管部门对商品货源及运输渠道的监管（常金玲和裴阳，2019）。当前，由于商品运输过程中产生的物流责任界定不明显，经常会出现物流方与跨境电商交易双方推卸物流责任的现象。同时，消费者恶意索赔以及包裹在运输过程中被开包窃取的现象也时有发生。因而，恶意索赔、责任推卸和开包窃取是常见的物流失信现象。

4. 交易平台建设问题

目前，河南省跨境电商企业大多为中小型企业，有影响力的本土平台型企业较少，如世界工厂网。龙头企业较少的直接后果是平台建设滞后，跨境电商直营、直营+招商以及在线支付等模式发展缓慢，平台商品种类较少，规模效益尚未形成（李晓沛，2018）。

（二）跨境物流问题

跨境物流的完善与健全是跨境电商蓬勃发展的重要基石，线上商品的销售需要通过线下物流的配套，完成线上与线下的转换才能够使得跨境消费顺利完成（阮俊霖，2024）。跨境物流是跨境电商发展的核心环节，河南省跨境电商的快速发展过程中也出现了跨境物流的一些问题，主要包括物流信息化水平不高、物流成本高、物流体系协同发展不完善等问题（李晓沛，2018；尹思凝，2019；刘江伟，2018；刘洋等，2021）。

1. 物流信息化水平不高

当前，河南省跨境电商发展中，由于信息化建设成本过高，跨境电商的物流服务并没有全面采用先进的信息技术，跨境物流公司的信息化程度相对较低。跨境物流中商品信息传递，运输最佳路线的合理选择以及库存管理等方面问题都需要利用信息化技术来提高，以提升跨境物流运输效率，缩短商品运送周期，把控商品质量。如果不能建立畅通的信息通信渠道，保障信息的及时性和完整性，那么将会对整个跨境电商的发展产生不利的影响（尹思凝，2019）。国内的物流体系已经能实现包裹全程信息网络查询，而国际包裹却不能完全跟踪，造成了跨境物流经常出现丢包的现象，这在很大程度上拉低了人们对跨境电商的体验（刘洋等，2021）。

2. 跨境物流成本高

由于涉及跨境贸易和跨境物流，物流的产业链和环节更长，包括国内物流、国内海关、国际运输、国外海关、国外物流等多个环节，尤其是海关和商检，操作难度和风险更高，无形中增加了跨境电商的物流成本。同时，运输与配送周期长，遇到如“双十一”、圣诞节的购物旺季，运输与配送时间会更久。许多电商止步于物流配送，加上清关和商检的时间，跨境物流的周期则更久，这已成为制约跨境电商发展的一道屏障（刘江伟，2018）。河南国际物流运力极为不足，企业物流成本大幅上涨，有企业反映跨境物流成本占比由此前30%左右增至60%，国际物流运力不匹配主要体现在国际干线运力不足，同时航线以及航权限制较大，海运欧美线只有上海美森一家航司具备10天到美国的能力，价格已经由1 200美元涨到近9 000美元，一箱难求，深圳只有以色列以星船运具备10天到欧美的承运能力，同时郑州陆港的西向中欧班列也有巨大瓶颈，如价格高、拥堵等（杨凯丽和姜超峰，2023）。

3. 物流体系协同发展不完善

目前，“一带一路”从过去的沿线国家和地区向欧美发达经济体扩展和延伸，但国际物流通道、标准建设不同，物流周转运输存在一定瓶颈。并且，河南省的国际通航能力仍然较弱，缺少与中亚、欧洲、美洲、大洋洲等国家直航的国际航线，发展跨境电商物流受到一定制约（李晓沛，2018）。

（三）跨境支付问题

跨境支付环节是跨境电商系统运行的重要环节之一，整个收付过程需要考虑不同币种、不同支付方式以及汇率等一系列问题，降低了支付与结汇环节的效率，同时，金融服务支持体系的不完善制约了跨境电商企业的发展。

1. 跨境支付机构的缺乏

跨境电子商务不同于国内电子商务，国内电子商务的支付环节相对比较成熟，支付宝、微信、财富通已经成为消费者认可的支付工具，操作安全方便快捷，没有手续费。跨境电子商务必须借助于第三方支付工具或者商业银行进行货款的收付，但是整个收付过程并不简单，需要考虑不同币种、不同支付方式以及汇率等一系列问题，大大降低了支付与结汇环节的效率。目前，河南省缺乏具有竞争优势的跨境电商平台企业以及具有互联网支付牌照的第三方支付机构，致使跨境电商结付汇业务不顺畅，金融支付体系不发达（李晓沛，2018）。

2. 跨境支付安全问题

线上支付是消费者在跨境电商平台完成消费流程的必要部分，随着跨境电商规模的不断扩大，线上消费用户数量呈指数型增长，那么线上支付的流畅性、安全性和便利性就成为衡量跨境电商便捷程度的一个重要方面（阮俊霖，2024）。当前，第三方支付公司掌握了大量的客户和企业的信息，一旦发生信息泄露，这将对企业和消费者的信息安全构成威胁。例如，有些不法分子设置非法链接，引导用户登录，一旦出现资金转账信息时，将款项劫持，从而造成客户资金的损失（刘江伟，2018）。

3. 跨境金融服务体系不完善

河南省跨境电商的供应链金融服务体系不完善，金融服务支撑能力弱，一些中小跨境电商企业可能会出现资金流短缺，限制跨境电商的良性发展。河南省的跨境电商企业大多为中小企业，中小企业在跨境电商运行过程中，产品生产、库存管理、国际物流成本、互联网营销等各方面都需要运用较多的资金，给企业自身带来了较大的经济压力。而大部分中小企业因为本身发展规模小、经营管理不规范、会计财务不透明、抵御风险能力差、信用评价等级低，尽管国家和地方出台了有利于中小企业跨境电子商务业务的各项措施，但中小企业仍然很难从银行取得贷款，而民间融资又存在成本高、风险大等特点，导致中小企业的利润空间与发展前景进一步缩小（李娟，2019）。

（四）跨境通关问题

跨境电商在交易的过程中不可避免地会涉及海关通关监管与征税，通关困难会导致货物交易风险加大。河南省跨境通关问题主要包括以下三个方面：跨境贸易规则标准不一致、部门间协作能力弱、地方性通关平台缺乏（尹思凝，2019；李晓沛，2018；李娟，2019）。

1. 跨境贸易规则标准不一致

国际方面，跨境电商涉及不同国家之间的贸易，各个国家和地区的通关、报关、报检、结汇、退税和交接等环节的规范准则均不一致，导致跨境电商商品通关时效性较差，通关周期较长，并且由于各国检疫标准的不同而导致的商品不合格被扣押或退回的现象也频频发生。国内方面，跨境电商“单一窗口”目前只在海关、国检两个部门间实现了信息共享，与工商、税务等监管部门间尚未实现信息互联互通，存在数据标准不统一、信息共享难度大等问题；同时，“单一窗口”只能满足本地域的应用，不能实现全省、全国、全球的“一体化”，制约了跨境商品的通关效率（李晓沛，2018）。

2. 部门间协作能力弱

跨境电子商务的发展包含多个过程，包括货源采购、产品生产、报关、通关、支付体系、物流运输等多个方面，且涉及多个国家的多个监管部门。在不同国家，不同的报关程序、不同的运输方式造成了产品在运输过程中的效率不同和监管方式的不同。特别地，企事业单位与政府部门间的数据信息传输通道存在障碍，工商、税务、海关等职能部门与企业之间的协作能力减弱，这些都不利于跨境电子商务的高质量发展（李娟，2019）。

3. 地方性通关平台缺乏

地方性通关平台的建设是促进地区跨境电商发展的关键途径，是推进高水平对外开放的重要举措。目前，河南自贸试验区的郑州、洛阳片区已建立通关平台，此外，许昌也已建立通关平台。但整体来看，全省的地方性通关平台建设发展比较缓慢，地级市的跨境电商货物大多需要经过郑州、广州、深圳等地完成报关，在很大程度上降低了物流效率、增加了物流成本和时间，影响了跨境物流的速度，进而限制了跨境电商的快速发展（李娟，2019）。

（五）人才短缺问题

跨境电子商务的快速发展刺激了行业相关人才的需求，这种增长在量与质均有所体现。跨境电子商务属于新兴行业，很多从业人员来自传统国际贸易、国内电子商务、零售业等，虽然与跨境电子商务行业的人才需求存在一些共性，但是仍不相同（张夏恒，2017）。

1. 人才数量和质量供不应求

跨境电子商务市场的快速增长，对于人才的需求呈现出递增趋势。与传统的电子商务相比，跨境电商所需人才涉及的专业知识更广。在“一带一路”的发展和经济全球化的趋势下，河南省跨境电商的发展对既能够熟悉掌握跨境电商贸易国家之间的非通用语言（特别是东盟国家小语种），又能够了解跨境电商平台和相关外贸知识的综合型人才的需求更为紧迫。这一类综合型人才需要对经济学、管理学、国际贸易、现代物流、外语交流、计算机技术等方面的知识有着比较熟悉的掌握程度。受人才政策、薪资水平、营商环境、生活配套等因素影响，跨境电商物流人才供给分布不均，与区域经济发展水平呈正相关，东强西弱、东多西少，河南省普遍存在跨境电商专业人才“招不来、留不住”困境（杨凯丽和娄超峰，2023）。郑州跨境电子商务行业人才难以满足现实需求，主要表现为人才缺口大和人才供需不合理，郑州地区80%以上的跨境电商受访企业反映招聘不到合适的跨境电子商务人才或者是招聘到的人才不能满足企业对岗位技能的要求，企业紧缺通晓跨境电子商务知识（熟悉电子商务的推广和运营技能，知晓国际贸易、跨境物流、大数据、用户体验、跨境支付、电商直播、美工摄影、跨国文化交流等）的专业型人才，同时又需要具有良好外语沟通能力和国内外相关行业营销背景的复合型人才（李耀华，2021）。

2. 高校培育与市场需求错位

跨境电子商务市场仍处于成长阶段，规模不一的大、中、小企业并存，规模、性质不同的企业对于人才的需求也有所不同。跨境电商企业所需的人才更多偏向于实际操作，对于专业知识与理论知识的人才需求降低。一是河南省内的重点高校数量少，大多数职业院校发展不成熟，跨境电商人才培养能力不足，河南省地方学校中没有专门开设跨境电子商务专业的本科学校，企业只能从电子商务或者是国际贸易、市场营销、物流管理等相近的专业招聘，高等或中等职业教育院校学生的知识结构仅能够满足较低的岗位要求；二是现有的院校在专业设置、课程设置、教学目标等方面严重与企业实际需求脱钩，从而造成企业需求与传统教育模式之间的矛盾；三是院校在课程体系设置方面无法匹配跨境电商快速发展的步伐，对于知识结构的更新能力较弱，尤其是现有的理论体系无法指导具体的工作实践；四是教育目标与企业实际也存在脱节，传统教育模式下的学生过多追求完成学业与考试，并未真正了解企业对于人才的核心要求；五是传统教育机构也缺乏贴近实际知识结构的师资力量，跨境电子商务是一个实践性很强的行业，师资群体大多具有理论知识，但是并未亲身从事过具体业务，缺乏与外界企业的交流实践机会，也无法给学生有效的指导和帮助（张夏恒，2017；李耀华，2021）。

3. 人才吸引力度不足

当前，大部分城市为争取人才出台了诸多人才引进措施。而河南省大部分企业跨境电子商务业务处于初级阶段，且平均收入较低，生活成本相对较高，缺少跨境电商人才吸引支持政策，导致大部分专业人才选择经济发达城市。特别是，既掌握现代信息技术又精通现代商贸实务的复合型中高端电子商务人才的缺乏，严重制约了我省跨境电子商务发展。

（六）综试区发展问题

郑州跨境电商综试区发展的总体要求是“立足郑州、梯次推进、带动全省”，在快速发展过程中，也存在诸多问题。

1. 区域发展不均衡

一是由于产业结构差异，各地跨境电商交易差别较大。经开、航空港、高新、郑东、新密、二七等区域产业相对集聚、产业特点突出、跨境电商发展基础较好，交易额较大。其他县区和地市，受产业基础相对薄弱等影响，跨境电商发展相对较慢，企业应用率低，积极性弱。同时，虽然郑州市跨境电商整体规模较大，但缺少大企业的引领和大项目的集聚，配套政策、物流成本和相应服务无明显优势。

二是受省、市两级精准支持经开区 E 贸易核心功能区，打造跨境电商“零费区”政策影响，航空港区跨境电商业务未来发展面临不确定性，电商客户将出现波动，须继续争取省、市政策和资金支持。

三是跨境电商过度依赖集货模式，与本地产业结合度低。智能终端、生物医药等高附加值产业与跨境电商缺乏有效对接，产业集聚与跨境电商发展缺乏协同。

四是 E 贸易核心区功能配套不足，土地发展空间受限。为推动跨境电商高质量发展，河南省提出高标准建设 E 贸易核心功能区，搭建完善跨境电商产业链和生态圈，但目前，园区功能配套不足。此外，在 E 贸易核心区整体规划中，尤其是跨境医药大健康产业规划，河南省跨境电商进口药品和医疗器械试点项目建设迫在眉睫，但目前园区现有业务开展空间不足，急需产业用地保障。

2. 竞争压力更趋激烈

随着全国跨境电子商务综试区不断扩围，各地复制“郑州模式”，出台优惠政策，郑州市将直面武汉、西安等中部城市对跨境电商零售进口市场的分流，使得跨境电子商务试点、综试区模式创新红利逐渐消失。

3. B2B 出口发展相对滞后

目前，郑州市乃至河南省缺乏本土成熟的跨境电商平台对跨境 B2B 出口业务支撑。大部分有直接出口业务的企业都是通过谷歌推广、域外建站和传统推销模式进行出口，企业仍停留在传统的贸易模式，对跨境电商 B2B 出口应用停留在最初级阶段。除河南保税物流中心在 2015 年开展跨境出口模式探索外，郑州市乃至河南省的外贸进出口企业利用跨境电商平台开展业务的不多，面对境外消费者的 B2C 平台更少，大多仍使用省外乃至域外平台如速卖通、eBay 等，导致大量出口数据在外、资源在外、增加了企业运营成本，使我省跨境电商发展在商品出口竞争中难以形成优势。

4. 工作推进机构不健全

郑州综试区建设事关国家试验，工作任务重，协调层级多，行业发展变化快。为加快综试区建设进度，协调解决综试区建设中遇到的重大问题，加强与各职能部门的沟通和对接，强化落实综试区建设的工作任务和议定事项，国内许多设立综试区的城市都设置了专门的“综试办”，明确了一定数量的行政编制和事业编制。从关、税、汇、检、商等部门抽调挂职干部；部分城市在商务部门设立了“跨贸处”，各县区成立“管委会”和“跨贸办”，由政府主导、部门联动，合力推进相关工作。而郑州市目前相应机构的设立与协调工作推进较慢，综试区创新发展工作推进力量相对薄弱。

5. 相关政策突破难度较大

按照国务院要求，建设跨境电商综试区是要打造制度高地，核心任务是监管模式、发展模式的创新，改革红利要靠制度突破而不是特殊政策优惠来实现。但目前政策创新、制度制定的大部分权限在国家部委，郑州、合肥作为综试区城市中非副省级城市，地方部门对整个政府监管体系、模式进行创新面临较大的困难。

6. 制约河南保税集团发展的问题和瓶颈

一是物流渠道少、成本高已成为出口的制约瓶颈。境外终端配送价格高，我省跨境电子商务出口基本上以邮政小包和 EMS 快递渠道为主，由河南邮政速递物流有限公司运营，占据市场份额的 90%。这两种渠道当前的价格比沿海以及周边省份高出 20% 左右。

二是企业固定资产投资难度大。河南保税物流集团作为混合所有制，园区内仓库等基础设施均为自筹资金建设（主要靠银行贷款），投入巨大。按照 100% 完成 150 亿元考核指标，1.5 亿元平台补贴资金仅能弥补基础建设资金利息，仍有大量平台运营及创新费用需企业承担。为满足监管部门入驻园区开展一站式服务，2016 年，河南保税集团通过贷款 4.53 亿元承建了综合查验中心及其附属设施，贷款利息 0.67 亿元；同时还承担监管部门日常运营、加班补贴等费用，目前已导致流动性资金枯竭，面临随时停摆的巨大风险。

三是经开综保区管委会缺失方面。自经开综保区成立以来，未成立园区管委会。平台企业承担了大量政府职能，既有协助海关进行监管、承担政府公益性招商、为园区企业争取政策等职能，同时又承担公益性基础设施建设、展览展示等费用投入，在园区非经营管理工作中投入了大量人力、财力，严重影响日常业务开展，可持续发展动力不足。

四是创新发展资金不足。公益性投入资金未拨付，根据省长办公会议纪要（〔2018〕43号）会议精神，“按照先分大账、再算细账、多退少补、保障运转的路径，对企业进行全面审计、清产核资”。根据台账数据，2012年至2018年6月E贸易试点项目建设公益性投入资金总额为16.48亿元。截至目前，未收到任何有关E贸易试点项目建设公益性投入资金补贴。因承担大量公益性投入，账面资金已严重不足，无力支撑园区业务开展，已因欠款导致账号被查封，正处于生死存亡的关键节点。

五是跨境电商进口药品和医疗器械试点推进面临诸多困难。尽管保税集团已经自主研发B2B、B2C、B2H2C进口药品业务流程模式和信息系统功能。但是试点业务开展需要地方版的海关辅助系统和互联网医院支撑，这就要求省、市政府药品试点推进工作组需尽快完善落实相关工作机制。由于海关跨境电商进口统一版系统没有药品和医疗器械正面清单的类目，导致系统无法申报使用；河南保税集团正在筹建医药保税仓库，预计2020年4月30日前完成，造成测试期间批发企业由于没有药品仓库无法办理批发企业药品经营许可证；进口药品试点正在与郑州大学第一附属医院商谈合作设立互联网医院，近期就可达成合作协议，需要省、市两级政府协调有关部门强化与省、市医疗机构对接配合。

（七）制度体系问题

虽然河南省跨境电商具有独特的区位优势，但相较江苏、浙江、广东等跨境电商强省尚有差距，属于“先而不强”，在制度体系、监管体系以及宏观引导等方面仍需要进一步改善（张锢，2023）。

1. 制度创新亟待突破

在政策契合度方面，目前尚未明确配套税收政策，如跨境电商B2B出口涉及的增值税、出口退税、企业所得税等税收政策尚未具体明确，导致企业普遍存在对税收追缴的担忧，无法大规模进行试单。在扶持政策方面，覆盖范围不够广泛，已经出台的跨境电商支持政策主要针对大型平台类园区企业，中小型跨境电商企业只能通过入驻园区或平台的方式间接享受少量的扶持。在数据要素供给方面，河南省对跨境电商数据统计采取县区级商务部门采集、整理，再以表格形式逐级汇总的方式进行，环节烦琐且准确度不够高。省内跨境电商分为海关系统和商务部门两个统计渠道，部门之间的数据共享力度不够，各自数据都有一定的局限性。

2. 监管体系尚需优化

在统一监管方面，当前全国范围内存在利用跨境电商新业态从事违法活动的现象，如部分走私分子将一般贸易货物进行零散化操作，通过跨境电商进口进行走私；一些企业虚假申报、高价报关以获取地方补贴；安全准出及侵犯知识产权等问题时有发生。在协同监管方面，当前的监管机制对跨境电商在产品质量、贸易数据、税费征收等方面仍存在许多不明确和不完善之处，如尚未建立行业、企业信用信息库，缺乏科学高效的监管手段等。在法律法规制定方面，目前仅有《中华人民共和国电子商务法》中一条涉及跨境电商行业的法律法规，而与知识产权、税收、贸易活动、垄断行为有关的法律法规都源于《中华人民共和国民法典》，国家和有关部门尚未发布专门的法律法规，地方也未制定具体的行业规定、细则来规范和维护市场秩序。

3. 宏观引导仍需改进

在区域调节方面，从海关部门统计口径看，郑州跨境电商业务量占全省 90% 以上的份额，主要集中在新郑综合保税区、郑州经开综合保税区以及机场口岸三个板块，各省辖市的跨境电商发展水平存在不均衡问题。在优势主导方面，河南口岸的跨境电商出口包裹主要来自深圳、浙江、上海等电商业发达地区的跨境电商卖家，这些货物之所以从河南省出口，主要是基于河南省航空包机、中欧班列等运力优势。在产业商品优势方面，虽然许昌的假发、鹿邑的化妆刷、社旗的仿真花、长葛的蜂制品以及郑州的游乐设施等是河南省跨境电商出口的主要商品，但货源占比并不高，河南本地优势出口产业和商品的结合力度不足。

第六章
国内外跨境电商发展的经验借鉴

跨境电商打破了贸易各国间的壁垒，引领国际贸易走向无边界贸易，使得世界经济贸易发生剧烈变革。随着经济全球化、贸易自由化以及区域经济一体化的进一步深入，各国的跨境电子商务都在蓬勃发展。美国、欧盟、东盟以及澳大利亚等国家地区以及杭州、上海、宁波、武汉等城市的跨境电商都积累了一系列成功经验，为我省跨境电商的发展提供了思路与指导。

一、国外跨境电商发展的主要经验与做法

欧美地区的跨境电商起步更早，发展迅速。凭借发达的经济支持、完善的法律法规、优惠便捷的物流配送，海外跨境电商市场迅猛前进。本书重点分析美国、欧盟、东盟以及澳大利亚等国家地区在跨境物流、通关、监管等方面的经验和做法。

（一）美国的主要经验和做法

美国跨境电商的主要经验和做法包括完善的法律法规体系、成熟的信用监管体系、跨部门的合作协调、申报制度的高效灵活以及自动贸易系统的建设应用等方面（冯萌，2019；马金莲，2017；杨智中，2015）。

1. 法律法规体系完善

美国的电子商务法令以各州立法为先导，包括《数字签名法》《电子商务安全法》《金融机构数字签名法》《电子签名法》《数字签名与电子公证法》及《互联网保护个人隐私法案》等；《全球电子商务纲要》是全球首份官方正式发表的关于电子商务立场的国际法则，对未来在互联网上进行商业交易提出五项一般原则：民间主导发展、政府不应设置不成熟限制、政府只在必要时介入、政府须认清互联网特性、制定电子商务法令并考虑到便利全球贸易活动，同时从关税税收、电子支付等多方面提出处理意见。该纲要已成为主导电子商务发展的宪章性文件，在《关于电子商务的宣言》和《全球电子商务行动计划》中被广泛引用（冯萌，2019）。

2. 信用监管体系成熟

美国根据商品价值，实行等级分类处理的网购监管政策；美国海关注重风险防控机制建立，制定知识产权保护监管制度，有效防范知识产权风险；美国的信用体系完善，每个公民的信用代码具有唯一性且无法复制，一旦留下信用污点，将会使其日后在创立公司、银行信贷以及求学出行等全部领域因不良记录而面临多种限制（冯萌，2019）。

3. 跨部门合作协调

美国跨境电子商务在跨境通关方面取得较成功经验，海关部门与跨境物流公司达成了合作协议，使得跨境物流的选择更加具有技巧性，从而也使得海关通关工作更加有效率。美国海关监管部门与国际快递进行洽谈合作，这些跨境物流则主要指联邦快递、UPS、DHL、TNT、CH Robinson、Penske 等，国际物流包裹由其进行跨境派送，这些跨境物流不仅具有时效性强的特点，全球跨境进行配送一般只需要 2—7 天，而且还具有能够使包裹安全性和稳定性都比较高的特点。美国海关为提高通关效率还可以与美国跨境物流的第三方国际快递进行合作，这种物流模式不仅具有悠久的发展历史，也具有更为丰富的宝贵经验，在美国中高收入人群中具有较好声誉。美国海关部门同样也于欧洲、大洋洲、亚洲、南美和南非等地区建立了跨境电子商务物流专线服务，这些专线跨境服务不仅使海关在通关方面更加便捷化，也为美国跨境电子商务的发展提供了非常便利的条件，无论是在时效性、降低商品运输成本还是客户体验上都具有明显的优势。此外，美国的海关监管部门和其他相关部门为了能够达到就近发货、对不足货物进行调整和补发、有效缩短物流运输时间等目的，建立了一些物流仓，包括美东新泽西仓、美西安大略仓和美东旧金山仓（马金莲，2017）。

4. 申报制度灵活高效

美国海关在对跨境电子商务企业征收税收时候，明文规定了跨境电商的进境商品不论在什么条件下都必须要向美国本国的进口口岸海关和美国本地的边境保护局进行申报工作，进口商品必须严格按照美国海关征税要求进行征税。

当所要进入关境的商品申报价值低于 800 美元或者等于 800 美元时，可以对该进口商品免征进口税和其他相关税费，不可忽视的是当所要进口的商品申报价值高于 800 美元的情况下，该商品需严格按照美国海关与边境保护局的相关规定进行缴纳关税行动。

美国海关关于 USCBP 规定，如果是间接性交易，即从国外购买的商品价值低于 2 500 美元，则应按照非正式的报关程序进行报关；但是如果从国外购买的商品价值高于 2 500 美元，则应严格按照正式的报关程序进行报关，严格按照一般货物进行归类和纳税（如表6－1所示）。同时，USCBP对禁止和限制的进口商品的有关规定也同样适用于网上进行购物的商品。USCBP中还规定，直接进行电子商务线上交易的商品，从互联网上下载的材料也就是跨境数据商品无需缴纳相关关税，这大大方便了卖方通过电子形式送至买方的跨境商品和货物，例如CD、书籍、海报等。但同样不可忽视的是未经授权进行下载其他人受版权保护的材料是一种违法行为，其将有可能面临被投诉的风险（马金莲，2017）。

表6－1　　美国跨境电子商务进口商品申报

商品入境方式	价值（美元）	报关程序
邮运	小于或等于2 500	非正式报关
快递	—	正式报关
货运	小于或等于2 500	非正式报关
	大于2 500	正式报关

资料来源：根据国家统计局、商务部、艾瑞咨询集团和网络公开资料整理所得。

5. 贸易系统自动化

美国作为当今科技最为发达的大国，其海关主要依靠的是自动商务系统，该系统可以全程跟踪整个贸易流程，从贸易合同到实际货物，通过系统的自动化应用，提升了通关效率。另一个特点在于充分发挥担保制度和税收制度的作用，实现了货物放行和纳税的分离。在船舶到港之后进行提货，货物放行与税费征缴相分离，在合适的时间单独去缴税，这样做最大的好处在于使货物被海关监管的时间大大压缩，促进贸易自由化。无纸通关使贸易信息变成了数据，方便追踪和处理，同时运用信息化手段建立了贸易口岸数据平台，将进出口贸易的信息流、单证流和货物流进行合并规范，实现了口岸数据信息集成共享（杨智中，2015）。

（二）欧盟的主要经验和做法

欧盟范围内，最大的跨境电商企业为亚马逊，年营业额接近400亿欧元，其他较大的跨境电商企业包括Dixons Carphone（英国购物平台）、Cdiscount（法国综合购物平台）。欧盟跨境电商发展的主要经验和做法包括电商立法的完善、税收改革的深化、支付工具的严管、便捷通关的大力推行以及建立在线纠纷解决机制等（冯萌，2019；谢晓煜，2024；董战山等，2023）。

1. 电商立法的完善

欧盟电子商务的立法基于两点，一是规范交易环境，树立消费者、企业的信心；二是构建欧盟单一数字市场，以避免欧洲市场内部分裂。欧盟97/7/EC号指令（《关于在远程合同订立中保护消费者权益指令》）协调各成员国有关电子商务活动中消费者权益保护的法律；欧盟97/66/EC号指令（《隐私权指令》）旨在规范电信业务中个人数据处理和隐私保护；欧盟99/93/EC号指令（《电子签名指令》）承认电子签名的法律效力，进而为网上交易提供了保障；欧盟2000/31/EC号指令（《电子商务指令》）规范了企业之间B2B和企业与消费者之间B2C的电子商务法律关系，通过构建法律体系，消除欧盟境内跨境电商的障碍因素，提升电商服务法律保障；欧盟2015/1535/EU号指令是由98/34/EC号指令发展而来，要求各成员国必须向欧盟通报涉及"信息社会服务"的技术规范准则，以确保欧盟各国立法一致性，避免干扰和阻碍；2018年5月，欧盟General Data Protection Regulation（简称"GDPR"，通用数据保护条例），是欧盟近年来关于个人数据隐私保护最重要的法律成果。GDRP 给所有欧盟公民保护个人资料提供了法理依据，囊括了所有数据保护必须具备的要求，包括扩大欧盟数据保护法律所涵盖的边界，再次明确数据控制者、处理者的义务和责任，完善数据跨境传输和转移的保护规则，改革欧盟个人数据保护行政管理体系等。

2. 税收改革的深化

2017 年底，欧盟公布了针对跨境电商贸易的 VAT（value - added sales tax，增值税）规范化的新法案，推出了四大举措：一是设立新的网上实物交易和服务交易的 VAT 缴纳新规，跨境卖家只需按季度统一向欧盟结算 VAT 税，简化了此前需分别向欧盟内不同目标市场国缴纳 VAT 税的流程，每年可有效节省 8 000 欧元的纳税成本；二是简化 VAT 缴纳规则，对于年跨境贸易额不超过 1 000 欧元的小商户和初创企业，允许其直接在本国申报缴纳 VAT，对年跨境贸易额低于 10 万欧元的中小型企业，可根据其目标用户群体来进行地区缴纳；三是新措施解决跨境贸易 VAT 欺诈行为，单笔 22 欧元的跨境贸易免税额度将被取消，以整治部分商家为免除增值税而故意低报商品价值的恶意行为；四是对电子书、纸质书籍采取统一的 VAT 征税规则，即取消纸质书籍在跨境贸易中的降税甚至免税规定，与电子书一同采取相同的税收政策。新法案解决了欧盟内各国消费者在不同国家进行电商购物的封闭限制问题，要求所有电商平台都应该给盟区内任何国家的消费者提供相同的商品与服务，进一步促进欧盟跨境电商市场的整合。

2021 年 7 月 1 日，欧盟废除了非欧盟成员国向欧盟出口的价值 22 欧元以下小包裹免征增值税政策，标志着所有进口到欧盟的商品都要征收增值税。具体来看，欧盟要求对跨境电商进口的商品全部征收 19%—27% 的增值税，但税率由各成员国自行确定。而出口增值税退税规则仍保持不变，即出口增值税的退税必须在出口国的国内增值税申报基础上进行。欧盟成员国普遍认为，欧盟应该根据电子商务方式的不同对跨境电商区别对待。按照方式的不同，电子商务可划分为直接方式和间接方式。由于间接方式的电子商务等同于电信、邮政等，因此可以沿用现有税制；而对直接方式电子商务征税则需要对现有税制进行调整和修改。

3. 支付工具的严格管理

在跨境电商业务的实际操作中，电子支付安全是重中之重，监管重点则是第三方支付工具。欧盟规定各支付机构必须获得经行业认可颁发的执照，而欧洲中央银行作为监管主体，监管要点首先是要求初始不低于 35 万欧元且需持续拥有的自有资本金，其次是规定支付机构在经营过程中如沉淀资金则属于负债，相关投资活动将受到限制，最后是要求支付机构在央行设立账户并留存资金，预防金融风险。

4. 便捷通关的积极推行

共享“一地通关”服务，欧盟任意成员国间邮寄一批货物给另一国的多个收货人，整批货物只需填报一份商业发票和空运提单。通过“一地通关”服务，可降低清关和仓储成本，缩短运输配送时间，提升跨境购物体验，提高市场占有率。

5. 在线纠纷解决机制的建立

欧盟于 2013 年 5 月 21 日通过了《消费者 ADR 指令》和《消费者 ODR 条例》，以促进替代性纠纷解决（ADR）和在线争议解决（ODR）在消费者纠纷领域的应用。2016 年 1 月 9 日《消费者 ODR 条例》开始实施，该条例旨在为消费者和商家提供一个简单、高效且成本较低的在线解决跨境消费者纠纷的途径。《消费者 ODR 条例》所构建的 ODR 平台是“一站式”的在线纠纷解决平台，或者说它是一个中转站，它用一个端口连接欧盟各国的消费者、经营者与符合条件的 ADR 机构，为使用者提供 24 种语言的服务。实际上，该平台的主要作用就是筛选机构、提供翻译、传递信息、告知权责、管理案件。

电子商务消费者纠纷解决项目（ECODIR）是欧盟的电子消费者纠纷解决项目，源于欧洲委员会支持的大学和爱尔兰企业、贸易和就业部的倡议。其设计的平台解决了众多的消费者网络纠纷。该平台基于加拿大的 Cybertribunal. org 系统，都柏林大学参与了该项目的研发。ECODIR 帮助消费者和企业使用快速、高效和经济实惠的服务在线预防或解决投诉和纠纷。这项服务对消费者和企业都是免费的。ECODIR 为消费者提供了在线解决投诉的有效手段，从而使消费者受益。

（三）东盟的主要经验和做法

随着中国—东盟经贸关系的深入，中国—东盟自贸区于 2010 年成立，升级版于 2016 年生效，中国与东盟贸易日渐自由化，跨境贸易总量保持稳定增长，东盟已成为仅次于美国和欧盟的中国第三大跨境电商出口市场。东盟的主要经验和做法有完善个人信息保护法律制度、设立东盟跨境电商基地、建立多种合作机制、实行“零关税 + 电子商务 + 人民币”结算制度、开展数字支付合作等（冯萌，2019；彭佳慧，2023）。

1. 完善个人信息保护法律制度

东南亚国家联盟（ASEAN）是世界上第一个签署电子商务协议的地区，该协议有三个主要目标，一是促进跨境电商贸易便利化；二是创造电子商务应用互信环境；三是促进区域经济增长，深化东盟各国合作。东盟各国企业间传输数据、相互访问更便捷，此外在线纠纷解决机制的运用能有效保护消费者权益，保障个人信息安全。

2. 设立东盟跨境电商基地及多样合作机制

东盟建立的电子商务协调委员会，在确定电子商务的范畴、研究非政府部门角色的同时，与国际机构开展合作，共同推进东盟电商的发展。2015 年 3 月，东盟跨境电商总部基地在南宁举行启动仪式。这一高端电子商务综合项目，囊括了运营、经贸交流、人才培养、物流配送以及产业园五大核心。总部基地的建立，进一步拓宽了东盟对外贸易的渠道，促进了各国间的交流协作、互惠共赢。

中国—东盟建立了很多层次、很多渠道的合作机制，试点中国—东盟领导人会议、中国—东盟电信部长级会议以及中国—东盟数字部长级会议等。中国、泰国等东盟国家、行业、组织和智库建立了“数字经济合作部长级谈判机制”，中国与越南、柬埔寨签署了《电子商务合作谅解备忘录》，并开始谈判和签署谅解备忘录的过程，并与马来西亚双边跨境电商合作。

3. 实行零关税 + 电子商务 + 人民币结算制度

除对中国 95% 的税目产品实施零关税外，东盟还逐渐建立人民币的信用与结算机制，东盟地区汇率稳定，一些国家可以直接以人民币结算，有效降低汇率风险，提高企业盈利水平。

4. 开展数字支付合作

2020 年，中国银联虚拟卡在境外新发行超过 600 万张，其中一半以上落地东南亚。2018 年腾讯与马来西亚本土机构建立合作伙伴关系，以马来西亚货币林吉特作为支付货币推广微信支付，助力马来西亚数字支付发展。2020 年中国企业与越南工商银行合作发行了当地首张支持“拍”卡闪付的银联卡。2021 年 1 月，银联国际与柬埔寨第三方支付平台 Mpay 达成协议，在当地合作发行银联的第一张非接触式预付卡，提供二维码支付服务。截至 2021 年末，中国分别与越南、印度尼西亚、柬埔寨签订了双边本币结算协议；与印度尼西亚、马来西亚、新加坡、泰国等签订了货币互换协议。2021 年中国支付企业在东南亚多地推广最新支付技术，通过搭建多种服务平台，帮助东南亚国家提升数字支付服务能力；同年新增 16 家东盟金融机构成为人民币跨境支付系统（CIPS）间接参与者，CIPS 全年处理中国—东盟跨境人民币业务 3.3 万亿元，同比增长超 50%（彭佳慧，2023）。

（四）澳大利亚的主要经验和做法

澳大利亚跨境电商发展的主要经验和做法包括积极推进设立海外仓、签订自由贸易协定以及优化税收政策等（马金莲，2017；董战山等，2022）。

1. 积极推进海外仓设立

澳大利亚政府与海关部门鼓励大型跨境电子商务企业与澳大利亚市场进行合作，建立海外仓库。比如，eBay 与 Amazon 作为澳大利亚国内最大的跨境电子商务企业，也同时作为全球性最大的跨境电子商务企业，两者利用了其独特的优势来对澳大利亚的跨境电子商务市场进行开发，它们通过在澳大利亚设立海外仓库，集中对跨境电子商务的商品进行物流和配送。这不仅提高了海关对通关商品的清关速度，降低了运输成本，同时加快了物流运输速度，提高了商品体验感。“全球速卖通”在澳大利亚新增加了 9 个海外发货地点，对跨境电子商务的商品提供本地化的物流和服务，使得本国海关部门在对商品进行查验放行上更加方便化。此外，澳大利亚的邮政还与阿里巴巴集团进行合作，也利用了建立海外仓的方式重点对中澳之间的跨境电子商务交易市场进行开发。

2. 推进自由贸易协定签订

近些年，澳大利亚除了与传统经济大国美国、英国等签订 FTA 之外，还与亚洲等多个国家相继签署了 FTA。澳大利亚与多国 FTA 协定的签署，不仅对其经济与贸易的发展具有重要意义，同时也给两国之间的跨境电子商务贸易往来增加了便利。一方面，当 FTA 开始实施后，海关部门对跨境电子商务的商品将按照关税减让清单削减关税，这不仅大大减轻了海关的工作量，还提高了跨境物流的时效性。比如，自中澳两国协定生效日开始算起，两国之间总计将有 2 402 个税目商品把关税降为零；并且，澳大利亚在多国之间的双边直接投资壁垒也将进一步被打破。签署达成的对外贸易自由协定不仅有利于双方直接投资增长，也有利于双方国家跨境电子商务的发展。

3. 建立税收原则依据

早在 1998 年，澳大利亚税务局（ATO）和经济合作与发展组织（OECD）财政事务委员会达成共识，电子商务的征税原则包括：中立原则、效率原则、明晰性原则、兼顾公平和效率性原则。澳大利亚税务局认为，现有的国际税收概念基本可以应用于电子商务，但需要进一步明晰。根据澳大利亚货物劳务税法规定，自 2018 年 7 月 1 日起，向境外电子商务平台征收跨境网购低价商品货物及劳务税，所谓低价商品指海关完税价格低于1 000澳元（约5 000元人民币）的商品，该政策是针对营业额达到75 000澳元以上的海外供应商、电商分销平台和货物代理制定的；之前，消费者通过电商网购的进口低价商品是不需要缴纳货物及劳务税的（蔡磊，2019）。

（五）日韩的主要经验和做法

日本和韩国通过充分运用数字智能技术、强化税收监管等促进跨境电商发展（包振山和金丹，2023；董战山等，2022）。

1. 充分运用数字智能技术

日本跨境电商企业积极运用AI、大数据、云计算等数字技术提升企业经营能力，如利用AI技术收集、分析预测消费需求变化，优化商品陈列方式和种类，根据大数据分析制定精准营销策略，优化结算及商品配送流程，强化商品在库管理、库内作业及配送方式，完善售后服务等。日本跨境电商发展模式随着全球经济发展、信息技术革新、结算方式多元、海关管制调整及物流运输协同发展等内外变化，从早期的在国内开设电商网站、利用国内电商平台开设店铺、利用东道国C2C电商平台开设店铺、利用东道国B2C电商平台开设店铺和在东道国开设电商网站五种模式，向在国内自建跨境电商网站、利用国内跨境电商平台、利用国外跨境电商平台、境外自建跨境电商网站、一般贸易型和利用保税区型六种模式创新。多样化的跨境电商发展模式，不仅能促进不同类型日本企业发展进出口贸易，而且能提升跨境电商企业专业化经营能力，推动跨境电商平台类型多样化发展，从而为消费者提供多元化服务选择，带动日本跨境电商协同性、多样化、多元化创新发展。

2. 强化跨境电商税收监管

韩国在税制适用性和征税地确定方面，总体遵循 OECD 的规定和国际跨境电商课税要求，如商品报关价包含进口税和增值税，消费者第一居住地拥有跨境电商税收征收权等。在税收征管方面，韩国明确规定跨境电商企业只能通过信用卡进行交易，由信用卡公司将交易金额等情况报给税务部门，以便更加简单便捷地确定纳税金额。

日本在税制适用性方面，通过《特商取引法》明确规定，网络经营收入应按现有规定纳税。如果网络经营者年收益超过 100 万日元则需要自觉申报纳税，特殊情况除外；对于以家庭为单位的小型电商企业经营者，允许将企业开支计入家庭开支，且当年收入低于家庭开支时可以不缴税。在税收征管方面，为解决电子交易中存在的偷逃税问题，日本政府成立了税收稽查队，通过搜集电子交易信息锁定嫌疑纳税人，严厉打击电子交易中偷逃税行为。

二、国内跨境电商发展的主要经验与做法

借鉴国内跨境电商发展先进城市的经验，对于河南省跨境电商的发展更具有针对性，本书选择杭州市、上海市、宁波市和武汉市分析其先进经验和做法。

（一）杭州市的主要经验和做法

杭州是跨境电商制度创新策源地，是全国最早开展跨境电子

商务“小包出口”“直邮进口”“网购保税进口”、跨境 B2B 出口、保税出口等业务试点的城市，率先探索跨境电商退换货中心、“全球中心仓”、定点配送、“保税进口＋零售加工”等新模式（刘伟和刘海琪，2023）。在跨境电商发展方面，杭州市的主要经验和做法包括推进制度创新、推动传统企业转型升级、优化线上综合服务体系、完善跨境电商生态体系、全面提升对外影响力等。

1. 推进制度创新

杭州市联合关检汇税等监管部门，构建“六体系两平台”顶层设计。（即：信息共享体系、金融服务体系、智能物流体系、电商诚信体系、统计监测体系、风险防控体系以及线上综合服务平台和线下“综合园区”平台）推广以“六体系两平台”为主的跨境电商“杭州经验”。深入开展制度创新、管理创新和服务创新，出台全国首个地方性跨境电商促进条例（即：《杭州跨境电商促进条例》）；探索特殊监管区域跨境电子商务出口模式；实践“网购保税＋实体新零售”新模式；建立并依托跨境电子商务商品质量安全风险国家监测中心，创新跨境电商产品质量共治机制；便利跨境电商外汇结算业务；推进“互联网＋便捷退税”，为企业出口退税提供全程网络化管理、一站式办结服务。也就是说，杭州市着力在跨境电子商务交易、支付、物流、通关、退税、结汇等“六个环节”的技术标准、国际规则和信息化建设等方面先行先试（刘伟等，2022）。

2. 推动传统企业转型

杭州市整合区县（市）、龙头平台等力量，开展做大做强 B2B、“E 揽全球”创新服务、“新外贸新服务新制造”等一系列专项行动，通过大数据的分析，运用推进企业柔性化生产、精准化推广、扁平化管理、品牌化经营等数字化改造，为传统企业数字化转型，智能化发展打开新通道。目前，全市已有超过数万家的跨境电商企业，纺织服装、羽绒家纺、建材卫浴、休闲用品、五金照明等杭州传统产业+跨境电商发展初见成效并不断壮大。尤其是纺织服装行业，在执御、子不语等行业龙头跨境电商类企业的带动下，推动超5 000家产业链企业参与生产经营，形成了超过百亿元的销售额。

3. 优化线上综合服务

杭州市打通“信息孤岛”，构建电子围网，为企业提供“一站式”线上报关、报检、收汇、退税等政务服务。搭建大数据平台和大数据实验室，依托政府部门、电商平台、外贸综合服务企业等授权数据，实现跨区域、跨行业、跨部门信息的交换和共享。目前在杭州综试区线上综合服务平台备案的企业已达9 000多家。

4. 逐步完善生态体系

杭州市逐步完善跨境电商生态体系，错位发展、协同并进建设杭州综试区13个线下产业园，二期园区现已拓展实施，“一核一圈一带”的总体格局基本形成。大力引进跨境电商龙头平台和企业，亚马逊、谷歌，eBay、Wish等各大全球跨境电商平台已纷纷落户，在杭州发布创新产品和服务。深入实施跨境电商产业三年倍增计划，积极招引国际一流企业总部或区域总部落地杭州，力争到2025年末，杭州跨境电子商务进出口总额250亿美元以上，培育和集聚年交易额100亿元以上数字贸易龙头平台30家以上，培育年交易额1 000万美元以上跨境品牌企业500家以上

(刘伟等，2022)。

5. 强化跨境电商人才引育

尽管这些年杭州联动“政、企、校、社”育才引才揽才，积极探索和实践跨境电商人才建设的“杭州模式”，但杭州跨境电商人才缺口依然很大，如杭州跨境电商企业独立站每年人才缺口在5 000人以上；跨境电商数据分析人才缺口预估在10 000人以上，在人才链建设中，杭州综试区将把跨境电商高层次人才引育作为重中之重。杭州市会同浙江工商大学举办好中国首个跨境电商学院；办好亚马逊全球开店在亚太区唯一培训中心，推进阿里巴巴“G100”、eBay“E青春”、谷歌“十百千”人才培育计划；引进培育跨境电商高层次人才，打造跨境电商人才高地（刘伟等，2022)。

6. 大力创新金融服务

支持在杭跨境支付机构申领全球牌照，推动金融机构直接办理跨境电商收结汇，打造全国跨境电商支付高地；加快投贷联动，引导社会资本成立跨境电商产业基金，联合金融机构成立跨境电商融资产品“杭跨贷”，着力解决中小跨境电商企业“融资难”(刘伟等，2022)。

7. 全面提升对外影响力

杭州市召开全球跨境电商峰会，举办天猫国际全球商家大会、“亚马逊”全球开店大卖家 & 制造商对接大会、wish卖家大会等会展活动。建设“一带一路”来华留学生创业馆，为“一带一路”国家地区青年开展跨境电子商务提供平台。同时，联合市场主体及权威机构，成立跨境电商人才联盟、跨境电商学院、跨境电商仲裁联盟等，推动跨境电子商务创新发展。

（二）上海市的主要经验和做法

上海市跨境电商发展的主要经验和做法包括政策支撑体系的完善、"7＋2"税收政策的实行、通关监管的协作等方面（冯萌，2019）。

1. 加快完善政策支撑体系

2015年7月，《上海市人民政府关于促进本市跨境电子商务发展的若干意见》指出，要着力培育完整产业链，集聚经营主体、完善服务平台、鼓励业态创新、优化配套设施、创新税收机制、加大财税支持；2016年6月，《中国（上海）跨境电子商务综合试验区实施方案》提出，要以创新驱动、循序渐进、开放合作为基本原则，提升服务能级，促进线下线上协同发展、多种模式协同发展，探索形成跨境电子商务的国际通用规则；2018年3月，《上海口岸优化跨境贸易营商环境若干措施》出台，旨在通过企业分类管理，降低通关和口岸综合物流成本，提升货物提离速率，提高上海跨境电商企业的竞争力。2023年7月，上海市商务委员会联合上海海关、税务局等部门印发《上海市推进跨境电商高质量发展行动方案（2023—2025年）》，提出五个方面18项重点任务，具体包括"强化主体培育，打造自主品牌""支持模式创新，培育增长新动能""强化科技赋能，推动海外仓建设""优化监管服务，打造更优营商环境""加强交流合作，营造良好行业生态"；强调发展目标为"力争到2025年，上海跨境电商主体能级、专业服务、创新要素、营商环境等居于全国前列，基本建成主体高度集聚、要素高效创新、产业生态完善的跨境电商综合性功能枢纽"。

2. 明确实行“7+2”税收政策

上海自贸区内实行“7+2”税收政策，即7项明确实行的税收政策和2项探索实行的税收政策，其中明确的政策包括鼓励投资的政策和促进贸易的政策等，这些政策随着试点工作的开展进一步推行。一般出口模式将在保证物流时效的同时，解决退税难题，降低运营成本，为跨境电商出口企业带来更大的发展空间。

3. 推动监督管理“并联”作业

一是引导企业并联开展口岸作业，将通关、货物提离时间再压缩三分之一；二是报关报检同时办理，对通关单电子数据的审核，由审单环节移至报关单放行环节；三是同步进行通关与物流作业，在进口货物卸至海关监管场所的同时，将是否查验等通知告知企业；四是便利进口集装箱放箱手续，船公司凭提货单即可。

（三）苏州市的主要经验和做法

苏州市跨境电商发展的主要经验和做法包括加大政策资金支持、优化协调配套环境设施、培育发展国际知名品牌、强化多维度服务保障等（吕亦淏，2023）。

1. 加大政策资金支持

苏州市姑苏区出台了一系列支持跨境电商企业发展的税收优惠、财政补贴、融资扶持等政策，为企业提供了政策资金支持。在帮助出口企业纾困层面，姑苏区助企纾困第1条对纳税规则进一步细化，对增值税小规模纳税人、小型微利企业和个体工商户按照税额的50%减征资源税、城市维护建设税、房产税、城镇土地使用税、印花税（不含证券交易印花税）、耕地占用税和教育费附加、地方教育附加。助企纾困第3条措施提到，加快出口退税进度，把退税平均时间压缩至5个工作日以内，大大加快了流程进度。姑苏区助企纾困第21条措施提出，加强“专精特新”软件企业、省规划布局内重点软件企业、市级以上企业技术中心等企业培育力度，鼓励中小企业在研发设计、生产制造、运营管理等环节应用互联网、云计算、大数据、人工智能等现代技术手段创新发展。支持企业开展智能化改造和数字化转型，推动中小企业加快将核心业务能力向云端迁移，对区内工业互联网专业服务商和星级上云企业给予一定补贴资金。

2022年1月，联合区财政局下拨2019年度、2020年度跨境电商项目资金230.56万元，共扶持中设（苏州）机械设备工程有限公司、苏州衣品堂网络科技有限公司、苏州沃金网络科技有限公司、苏州盛世万像网络科技有限公司4家企业的跨境电商B2B出口、B2C出口、公共海外仓建设等6个项目。2022年3月，姑苏区经科局发布了2021年度跨境电商项目申报通知，项目共征集到中设（苏州）机械设备工程有限公司9 710出口、苏州衣品堂网络科技有限公司B2B出口两个项目，共申请扶持资金70万元。

2. 优化协调配套环境设施

苏州市政府在支持跨境电商发展的同时，也在加大基础设施建设力度，完善跨境电商产业园区建设，提供优质的场地和配套设施，促进跨境电商形成聚集发展规模，为企业的发展提供良好的环境。2016年9月，苏州市政府发布了《关于促进中国（苏州）跨境电商综合试验区发展的若干政策》，促进苏州跨境电商的发展。其中，姑苏区政府根据辖区内情况，不仅搭建了专门对接其企业的“苏企通”，还搭建了供企业免费使用的平台“跨境通”，这些措施有助于为企业提供更加便利、高效、安全的跨境电商服务，为苏州市的跨境电商产业发展提供了有力的支持。总体目标是利用信息化手段优化跨境电商业务的通关流程，将信息流、资金流、物流进行有效整合，在电子商务企业、报关企业、物流企业和海关、国检、外管、国税等管理部门之间进行数据交换与信息共享，进一步提升完善跨境贸易电子商务中的服务水平和监管能力，推动姑苏区跨境电商规范运行、健康发展。

3. 培育发展国际知名品牌

苏州市姑苏区积极与国内外知名跨境电商平台和品牌商合作，加强与海外市场的联系，推动跨境电商的国际化发展。根据江苏省委和江苏省人民政府要求，加快外贸新业态和新模式的发展，同时持续推动国际知名品牌的培育，推进跨境电商企业品牌化发展，着重提高自主品牌竞争力，以推进贸易高质量发展。为了实现这个目标，姑苏区政府积极计划开展2023—2025年江苏省重点培育和发展的国际知名品牌评选工作。

苏州姑苏区政府在跨境电商方面积极引进培育知名企业和平台，如顺丰、聚美优品、苏宁云商、兰亭集势和太湖雪等都在苏州跨境电商综合试验区内发展。同时，大龙网、一达通等外贸综合服务平台，帮助超过6 000家外贸企业进入海外市场。科沃斯、宝时得等企业则通过自建跨境电商平台或借助第三方平台积极拓展海外市场。这些企业和平台的加入，促进了苏州跨境电商综合试验区的壮大和发展，为本地和国内企业拓展海外市场提供了便利和支持。

4. 强化多维度服务保障

近年来，苏州跨境电商的企业服务体系持续完善，立体化服务能力显著增强，体系化服务中心的出现让跨境电商生态加速完善。2022年7月，全市首个跨境电商企业服务中心在高新区报关服务中心内设立，成立不到一年，该服务中心已携手日本最大电器销售商，为"苏州制造"构建"品牌出海"新通路；协助苏州企业解决小包物流进度查询难题等。同年9月，苏州（常熟）跨境电商企业服务中心成立。两大服务中心致力于推动形成制造、交易、集货、支付、物流、仓储、结算、信贷等全产业链"闭环式"生态圈，助推"苏州制造"走出去、拓市场、卖全球。截至2022年，苏州两个跨境电商服务中心已服务企业600家，累计线下走访、电话沟通和网络联系企业1 100余家，开展跨境电商培训、沙龙等活动40余场，对有实际诉求的企业实现走访服务全覆盖（苏州市商务局，2023）。

（四）宁波市的主要经验和做法

在跨境电商发展方面，宁波市召开跨境电商推进工作大会、增设跨境电子商务促进中心等。宁波市委、市政府每年召开跨境电商推进工作大会。宁波综试区具体工作由市口岸打私办负责，从海关、国检、国税、外汇、高校等单位借调人员挂职。宁波市政府为综试区建设增设了一个事业单位——宁波市跨境电子商务促进中心。该中心于2016年设立，隶属于市政府口岸打私办，市财政全额提供经费。该中心的主要职责是受委托协调推进落实市跨境电子商务发展规划、年度工作计划和阶段性工作任务，完成跨境电子商务发展各项目标任务；协助做好市各区域跨境电子商务通关、检验检疫、仓储、物流等监管与服务工作；协助宁波海关、宁波检验检疫局做好各跨境电子商务基地、园区等跨境电子商务现场通关和检验检疫有关业务工作；受委托调研跨境电子商务发展情况，收集和编写跨境电子商务有关情报信息，提出推动跨境电子商务发展的意见和建议，为市领导决策跨境电子商务工作提供参考。

2018 年 8 月，根据市场监管总局与浙江省政府签署的《关于共同推进浙江网络经济健康发展战略合作协议》精神，宁波市获批成为全国“网络市场监管与服务示范区”创建城市。自创建工作开展以来，宁波市紧紧围绕“放得更活、管得更好、服务更优”的总体目标，积极探索与跨境电商新业态相适应的监管与服务模式，打造“消费引领、开放包容、审慎监管、生态优质”全国跨境电商监管与服务样本区，有效助推网络经济健康可持续发展（郑晗，2021）。

1. 探索多渠道跨境电商配套服务

宁波通过落实产业政策、基础设施和人才建设等配套服务促进跨境电商发展。一是落实产业政策配套，制定跨境电商综合试验区工作要点和跨境电商专项资金使用管理实施细则，设立宁波市电商产业基金，累计投资项目 15 个，总投资额 1.3 亿元。二是落实基础设施配套，完善跨境电商“保税仓”和“海外仓”建设标准体系，落地菜鸟网络、考拉海购等跨境进口保税仓储中心，跨境进口保税仓总面积突破 120 万平方米；加快跨境电商海外仓建设，累计 63 家企业在全球 20 个国家建设经营海外仓 200 个，总面积超 200 万平方米。三是落实人才建设配套，通过“泛 3315”“甬江引才”等载体，联合高校和行业协会共建浙江省电子商务实践基地、跨境电商直播研究中心和跨境电商特色班、实验班，落地宁波数字贸易人才学院，形成“产业研究 + 人才集聚 + 协同育人 + 数字化平台”一站式人才培养发展机制。

2. 探索全闭环跨境电商信用监管机制

宁波通过事前主体备案、事中质量检测、事后联合奖惩等探索建立全闭环跨境电商信用监管机制。一是事前主体备案，全国首推跨境电商备案模式，通过建立市场监管注册和海关备案信息互通机制，加强对从事跨境电商企业基本情况的掌握，有效实现点对点的事前指导服务和事中事后监管。二是事中质量监测，全国首创跨境商品质量监测模式，通过统一跨境商品的抽检流程和检测单位，保障质量监测的规范性和有序性；通过明确跨境商品质量监测职能界定，加强质量风险研判和消费警示，通过线上“神秘买家”和线下“随机抽检”的方式，由海关部门负责对保税仓内的跨境商品开展监督抽检，由市场监管部门负责对网店和O2O体验店内的跨境商品开展评价性抽检；对抽检中不符合我国检疫规定或因安全、卫生项目检出不合格的情况，严格落实不合格产品召回制度，对不合格产品实施销毁或退运处理。三是事后联合奖惩，制定《建立完善跨境电子商务领域守信激励和失信惩戒制度实施方案》，应用平台大数据分析结果对跨境电商实施动态管理，根据跨境电商不同的信用情况实施差异化的监管及服务措施，实现对区域重点跨境电商的扶优扶强和对违法违规跨境电商的跨部门联合惩戒。

（五）武汉市的主要经验和做法

在跨境电商发展方面，武汉市着力打造商贸物流中心。一是做好E贸易招商工作，武汉市积极培育跨境电商市场主体，引进知名度高、交易规模大的跨境电商平台企业和出口企业，促进“平台+产业”有机结合，打造具有区域特色的跨境电商产业集群；举办大型跨境电商企业招商推介会，争取更多的优质企业来湖北省投资兴业。二是打造国际消费中心城市，武汉市出台《加快新消费引领，打造国际消费中心城市三年行动计划（2019—2021年）》，加快新消费引领，推进消费升级。三是建设国家商贸物流中心，敦豪、普洛斯、顺丰速递、阿里菜鸟等 30 多家物流龙头企业在武汉设立大型物流基地。四是促进 E 贸易平台与外贸产业对接，推动市州与交易平台合作，精心设计“eBay 等平台 + 县市产业集群”项目，推动了湖北省传统外贸企业线上经营。五是协调相关部门开展监管服务创新，协调海关简化通关手续，对纳入海关信用管理的跨境电商企业实施差异化通关管理措施。

武汉市跨境电商发展成效显著。2022 年，武汉市被国务院列为全国推动外贸稳定和创新发展成效明显的 10 个城市之一；东湖高新区获批国家进口贸易促进创新示范区；武汉跨境电商综试区连续两年在全国跨境电商综试区评估中位列第二档“成效较好”，居全国中上位次；2016 年以来，武汉市开展三轮国家服务贸易创新发展试点，形成 8 项最佳实践案例、7 项可复制可推广经验；成功入选首批人力资源服务、知识产权服务、地理信息服务、语言服务国家特色服务出口基地，基地数量居全国副省级城市前列（长江日报，2024）。

三、国内外跨境电商发展的经验总结

（一）完善跨境电商体制机制

为了推进跨境电商的发展，很多国家在贸易制度上，都采取了相应的措施，美国利用出口量的优势，与长期贸易国家签订协议，其中明确提出鼓励电商发展的方式，例如彼此取消部分关税等；欧盟国家统一制定标准，目前仅对部分商品进行管制，其余则自由在欧盟成员国中流通，由此极大促进了欧盟的跨境电商发展。国内杭州和上海等城市在推进跨境电商发展过程中逐步完善政策体系和体制机制，深入开展制度创新、管理创新和服务创新，进而为推进跨境电商高质量发展提供良好体制机制环境。

（二）积极推进智能技术应用

推进智能技术应用于跨境电商，在跨境物流、商品追溯、跨境通关等方面积极推进信息化建设。美国采取了智能化的信息追踪系统，可在短时间内识别运输商品的威胁性，建立支持全球物流进度的综合数据库，消费者能实时通过物流公司的信息，获得商品运输状况；欧盟主要是 AEO 制度，简化了手续和提升了安保水平。在技术方面，是以英国最为先进，其自主研发的“太赫兹光谱”，能够在极短的时间内获取全部商品信息，并且具备验证假货的功能；新加坡的贸易管理完全依据现代科技手段，其使用的 TRADENET 也是全球效仿的典范，实现了快速贸易信息查询，并为国家安全部门，提供详细、真实的商品安全情报。日本强化数字智能技术赋能作用，夯实跨境电商发展基石，具体将数字技术应用于跨境电商发展全流程，发挥数据要素与传统生产要素的渗透融合，协同社会再生产中的消费与生产、流通、交换职能，通过跨境电商平台实现企业间优势互补，实现商品、资金、物流、信息等资源共享；与此同时，推动数字技术与产业融合、以跨境电商的数字化转型带动关联产业升级转型（包振山和金丹，2023）。国内杭州市为促进跨境电商领域的发展，搭建大数据平台和大数据实验室，实现跨区域、跨行业、跨部门信息的交换和共享，为企业提供“一站式”线上报关、报检、收汇、退税等政务服务；上海市依托信息化平台，简化通关流程，推进跨境电商通关便利化。

（三）优化跨境电商税收管理

坚持以税收中性原则为税收政策制定的压舱石，以产业保护原则为税收政策制定的参照物，以外贸强国战略为税收政策制定的指南针（董战山等，2022）。税收中性尊崇经济发展过程中市场机制的作用，强调税收既不能影响市场机制对资源配置的决定作用，也不能对市场主体经济决策产生重大干扰，更不能违背税负公平原则对线上与线下交易区别对待，应是我国制定包括跨境电商税收政策在内的所有税收政策的根本遵循。在发展国际自由贸易的同时，对于本国产业予以必要保护是国际通例，针对我国跨境电商"出口型规模占优，进口型比重增长"的发展特点，制定跨境电商税收政策应以国家产业政策为重要参照。"十四五"规划纲要提出应"协同推进强大国内市场和贸易强国建设，形成全球资源要素强大引力场，促进内需和外需、进口和出口"，跨境电商是外贸强国战略的重要载体，我国制定跨境电商税收政策应以外贸强国战略为指南针，促进我国外贸发展水平持续提高。

（四）全面提升对外开放水平

全面提升对外开放水平，进一步促进跨境电商的快速发展。东盟跨境电商总部基地的建立，进一步拓宽了东盟对外贸易的渠道，促进了各国间的交流协作、互惠共赢；澳大利亚政府与海关部门鼓励大型跨境电子商务企业与澳大利亚市场进行合作，建立海外仓库，并且澳大利亚与美国、英国等签订 FTA 外，还与亚洲等多个国家相继签署了 FTA，以推动跨境电商发展。杭州市积极举办跨境电商类大会，成立跨境电商发展联盟以及人才联盟，全面提升对外影响力，推进跨境电商创新发展。

第七章
河南省“智能+”跨境电商发展的现有基础分析

一、跨境电商相关政策回顾

1999年中国外贸出口实现互联网化，这一事件逐步开启了我国电子商务时代。在这几十年的时间里电子商务迅速发展壮大，而其中最主要的组成部分之一就是跨境电子商务。跨境电商目前已经成为我国发展速度最快、潜力最大、带动作用最强的外贸新业态，跨境电商的发展离不开政府政策的支持（施寒潇和毛郁欣，2022）。近年来，在国家、各部委及河南省各级政府部门的大力支持下，河南省跨境电子商务发展已经成为省内对外贸易升级转型的一个重要组成部分。本书梳理了自2015年以来国家、部委、河南省各级政府部门出台的跨境电子商务相关政策文件及发展的重大事件（薛桃，2018；黄晓瑞，2023）。

（一）国家跨境电商相关政策

国家近几年对跨境电子商务的发展尤为看重，相继出台了许多政策，这些政策覆盖了税收、支付、监管、物流、企业发展等方方面面。我国跨境电子商务以先试点、后推广的方式逐步完善相关政策体系。本书总结梳理了2015年以来国家出台的跨境电子商务主要政策，如表7－1所示。

表 7-1　　国家关于跨境电商的主要政策

发文时间	发文字号	政策文件名
2015.03	国函〔2015〕44 号	国务院关于同意设立中国（杭州）跨境电子商务综合试验区的批复
2015.04	国发〔2015〕14 号	国务院关于落实《政府工作报告》重点工作部门分工的意见
2015.05	国发〔2015〕24 号	国务院关于大力发展电子商务加快培育经济新动力的意见
2015.06	国办发〔2015〕46 号	国务院办公厅关于促进跨境电子商务健康快速发展的指导意见
2915.07	国发〔2015〕40 号	国务院关于积极推进“互联网+”行动的指导意见
2016.01	国发〔2016〕4 号	国务院关于促进加工贸易创新发展的若干意见
2016.01	国函〔2016〕17 号	国务院关于同意在天津等 12 个城市设立跨境电子商务综合试验区的批复
2016.05	国发〔2016〕21 号	国务院批转国家发改委关于 2016 年深化经济体制改革重点工作意见的通知
2016.04	国办发〔2016〕18 号	国务院办公厅关于印发贯彻实施重点发展纲要 2016 年行动计划的通知
2016.05	国发〔2016〕27 号	国务院关于促进外贸回稳向好的若干意见
2016.08	国发〔2016〕48 号	国务院关于印发降低实体经济企业成本工作方案的通知
2016.09	国办发〔2016〕68 号	国务院办公厅关于印发消费品标准和质量提升规划（2016—2020 年）的通知
2016.11	国办发〔2016〕78 号	国务院办公厅关于推动实体零售创新转型的意见

续表

发文时间	发文字号	政策文件名
2017.01	国发〔2017〕6号	国务院关于印发“十三五”市场监管规划的通知
2017.03	国发〔2017〕17号	国务院关于印发中国（河南）自由贸易试验区总体方案的通知
2017.08	国发〔2017〕40号	国务院关于进一步扩大和升级信息消费持续释放内需潜力的指导意见
2018.05	国发〔2018〕12号	国务院关于做好自由贸易试验区第四批改革试点经验复制推广工作的通知
2019.04	国函〔2019〕38号	国务院关于做好自由贸易试验区第五批改革试点经验复制推广工作的通知
2019.08	国发〔2019〕16号	国务院关于印发6个新设自由贸易试验区总体方案的通知
2019.11	国发〔2019〕25号	国务院关于在自由贸易试验区开展“证照分离”改革全覆盖试点的通知
2019.11	—	中共中央 国务院关于推进贸易高质量发展的指导意见
2019.12	国函〔2019〕137号	国务院关于同意在石家庄等24个城市设立跨境电子商务综合试验区的批复
2020.07	国函〔2020〕96号	国务院关于做好自由贸易试验区第六批改革试点经验复制推广工作的通知
2020.08	国办发〔2020〕28号	国务院办公厅关于进一步做好稳外贸稳外资工作的意见
2020.11	国办发〔2020〕40号	国务院办公厅关于推进对外贸易创新发展的实施意见

续表

发文时间	发文字号	政策文件名
2021.05	国函〔2021〕51号	国务院关于同意在河南省开展跨境电子商务零售进口药品试点的批复
2021.07	国办发〔2021〕24号	国务院办公厅关于加快发展外贸新业态新模式的意见
2021.09	国发〔2021〕12号	国务院印发关于推进自由贸易试验区贸易投资便利化改革创新若干措施的通知
2021.10	国发〔2021〕20号	国务院关于印发“十四五”国家知识产权保护和运用规划的通知
2021.12	国办发〔2021〕46号	国务院办公厅关于印发“十四五”冷链物流发展规划的通知
2022.01	国办发〔2021〕57号	国务院办公厅关于做好跨周期调节进一步稳外贸的意见
2022.01	国发〔2021〕29号	国务院关于印发“十四五”数字经济发展规划的通知
2022.01	国发〔2021〕30号	国务院关于印发“十四五”市场监管现代化规划的通知
2022.04	国办发〔2022〕9号	国务院办公厅关于进一步释放消费潜力促进消费持续恢复的意见
2022.05	国办发〔2022〕18号	国务院办公厅关于推动外贸保稳提质的意见
2022.05	国函〔2020〕47号	国务院关于同意在雄安新区等46个城市和地区设立跨境电子商务综合试验区的批复
2022.09	国办函〔2022〕102号	国务院办公厅关于印发全国一体化政务大数据体系建设指南的通知

续表

发文时间	发文字号	政策文件名
2022.11	国函〔2022〕126号	关于同意在廊坊等33个城市和地区设立跨境电子商务综合试验区的批复
2022.12	国办发〔2022〕17号	国务院办公厅关于印发“十四五”现代物流发展规划的通知
2023.02	国办发〔2023〕1号	国务院办公厅关于深入推进跨部门综合监管的指导意见
2023.04	国办发〔2023〕10号	国务院办公厅关于推动外贸稳规模优结构的意见
2023.07	国函〔2023〕56号	国务院关于做好自由贸易试验区第七批改革试点经验复制推广工作的通知
2023.08	国发〔2023〕11号	国务院关于进一步优化外商投资环境加大吸引外商投资力度的意见
2023.09	国办发〔2023〕29号	国务院办公厅关于依托全国一体化政务服务平台建立政务服务效能提升常态化工作机制的意见
2023.10	国发〔2023〕17号	国务院关于印发《中国（新疆）自由贸易试验区总体方案》的通知
2023.11	国发〔2023〕23号	国务院关于印发《全面对接国际高标准经贸规则推进中国（上海）自由贸易试验区高水平制度型开放总体方案》的通知
2023.11	国函〔2023〕130号	国务院关于《支持北京深化国家服务业扩大开放综合示范区建设工作方案》的批复
2023.12	国办发〔2023〕42号	国务院办公厅印发《关于加快内外贸一体化发展的若干措施》的通知

（二）部委跨境电商相关政策

为了促进跨境电子商务更加健康有序发展，同时为了积极响应国家大力发展跨境电子商务的号召，中央各部委都纷纷下达了相应政策措施。本书总结梳理了 2016 年以来中央各部委出台的跨境电子商务主要政策，如表 7-2 所示。

表 7-2　　各部委关于跨境电商的主要政策

发文时间	发文字号	政策文件名
2016.03	商办电函〔2016〕120 号	2016 年电子商务和信息化工作要点
2016.03	财关税〔2016〕18 号	关于跨境电子商务零售进口税收政策的通知
2016.04	海关总署公告 2016 年第 26 号	关于跨境电商零售进出口商品有关监管事宜的公告
2016.05	发改办高技〔2016〕1284 号	关于推动电子商务发展有关工作的通知
2016.12	发改办高技〔2016〕2632 号	促进电子商务发展三年行动实施方案（2016—2018 年）
2016.12	发改财金〔2016〕2794 号	关于全面加强电子商务领域诚信建设的指导意见
2017.01	商电发〔2016〕26 号	商务部关于进一步推进国家电子商务示范基地建设工作的指导意见
2017.02	商秩发〔2017〕53 号	关于推进重要产品信息化追溯体系建设的指导意见
2017.06	国家质检总局 2017 年第 42 号	关于跨境电商零售进出口检验检疫信息化管理系统数据接入规范的公告

续表

发文时间	发文字号	政策文件名
2017.07	发改高技〔2017〕1245 号	关于促进分享经济发展的指导性意见
2017.11	商贸函〔2017〕840 号	商务部等 14 部门《关于复制推广电子商务综合试验区探索形成的成熟经验做法的函》
2017.11	税委会〔2017〕25 号	国务院关税税则委员会关于调整部分消费品进口关税的通知
2018.04	海关总署公告 2018 年第 27 号	关于规范跨境电子商务支付企业登记管理的公告
2018.06	海关总署公告 2018 年第 56 号	关于跨境电子商务统一版信息化系统企业接入事宜的公告
2018.11	财关税〔2018〕49 号	关于完善跨境电子商务零售进口税收政策的通知
2019.02	发改经贸〔2019〕352 号	关于推动物流高质量发展促进形成强大国内市场的意见
2020.01	商财发〔2020〕15 号	商务部等关于扩大跨境电商零售进口试点的通知
2020.03	2020 年第 45 号	海关总署关于跨境电子商务零售进口商品退货有关监管事宜的公告
2020.04	汇发〔2020〕8 号	国家外汇管理局关于优化外汇管理支持涉外业务发展的通知
2020.04	交水明电〔2020〕139 号	交通运输部 商务部 海关总署 国家铁路局 中国民用航空局 国家邮政局 中国国家铁路集团有限公司关于当前更好服务稳外贸工作的通知
2020.05	汇发〔2020〕11 号	国家外汇管理局关于支持贸易新业态发展的通知

续表

发文时间	发文字号	政策文件名
2020.12	银发〔2020〕330号	人民银行 发展改革委 商务部 国资委 银保监会 外汇局联合发布《关于进 步优化跨境人民币政策支持稳外贸稳外资的通知》
2021.03	商财发〔2021〕39号	商务部 发展改革委 财政部 海关总署 税务总局 市场监管总局关于扩大跨境电商零售进口试点、严格落实监管要求的通知
2021.08	—	商务部等9部门关于印发《商贸物流高质量发展专项行动计划（2021—2025年）》的通知
2021.08	署岸发〔2021〕85号	关于进一步深化跨境贸易便利化改革优化口岸营商环境的通知
2021.08	—	商务部关于加强“十四五”时期商务领域标准化建设的指导意见
2021.09	中华人民共和国海关总署公2021年第70号	关于全面推广跨境电子商务零售进口退货中心仓模式的公告
2021.12	发改高技〔2021〕1872号	国家发展改革委等部门关于推动平台经济规范健康持续发展的若干意见
2022.01	商国际发〔2022〕10号	商务部等6部门关于高质量实施《区域全面经济伙伴关系协定》（RCEP）的指导意见
2022.01	2022年第7号	财政部 发展改革委 工业和信息化部 生态环境部 农业农村部 商务部 海关总署 中华人民共和国濒危物种进出口管理办公室《关于调整跨境电子商务零售进口商品清单的公告》

续表

发文时间	发文字号	政策文件名
2022.02	发改产业〔2022〕273 号	关于印发促进工业经济平稳增长的若干政策的通知
2022.02	商财函〔2022〕54 号	商务部中国出口信用保险公司关于加大出口信用保险支持做好跨周期调节进一步稳外贸的工作通知
2022.04	交运发〔2022〕49 号	关于加快推进冷链物流运输高质量发展的实施意见
2022.04	税总货劳发〔2022〕36 号	税务总局等十部门关于进一步加大出口退税支持力度促进外贸平稳发展的通知
2022.06	—	中国人民银行关于支持外贸新业态跨境人民币结算的通知
2023.11	银发〔2023〕233 号	中国人民银行 金融监管总局 中国证监会 国家外汇局 国家发展改革委 工业和信息化部 财政部 全国工商联关于强化金融支持举措 助力民营经济发展壮大的通知
2023.01	财政部 海关总署 税务总局公告 2023 年第 4 号	关于跨境电子商务出口退运商品税收政策的公告
2023.04	中国人民银行公告〔2023〕第 8 号	内地与香港利率互换市场互联互通合作管理暂行办法
2023.07	—	商务部等 9 部门办公厅（室）关于印发《县域商业三年行动计划（2023—2025 年）》的通知
2023.08	财政部 海关总署 税务总局 2023 年第 34 号	财政部 海关总署 税务总局关于延续实施跨境电子商务出口退运商品税收政策的公告

续表

发文时间	发文字号	政策文件名
2023.11	银发〔2023〕231号	中国人民银行 国家外汇管理局关于提升银行办理资本项目业务数字化服务水平的通知
2023.11	交水发〔2023〕164号	交通运输部关于加快智慧港口和智慧航道建设的意见
2023.12	商贸发〔2023〕308号	商务部等10部门关于提升加工贸易发展水平的意见
2024.01	银发〔2024〕4号	中国人民银行 财政部 国家税务总局关于跨境税费缴库退库业务管理有关事项的通知

（三）河南省跨境电商相关政策

河南省依托区位优势和地域优势制定、出台、实施相关的政策，大力推动电子商务发展，尤其是跨境电商的发展。本书总结梳理了2012年以来河南省政府和郑州市跨境电子商务发展的大事件，如表7-3所示。

表7-3　河南省跨境电商发展大事件及政策汇总

时间	大事件
2012年12月20日	郑州作为5个全国首批跨境电子商务服务试点城市之一，获得国家发改委批准
2013年7月10日	河南省人民政府办公厅关于印发加快推进郑州市跨境贸易电子商务服务试点工作方案的通知
2014年5月10日	习近平总书记视察郑州跨境电子商务工作并勉励河南朝着“买全球、卖全球”的目标迈进

续表

时间	大事件
2014 年 8 月 1 日	河南首创的“1210”监管模式获得海关总署批准，并先后在全国、全球推广
2015 年 12 月 10 日	河南省人民政府关于印发河南省促进外贸稳定增长若干政策措施的通知
2016 年 1 月 6 日	中国（郑州）跨境电子商务综合试验区获批，成为全国 13 个跨境电子商务综合试验区之一
2016 年 5 月 3 日	河南省政府印发《中国（郑州）跨境电子商务综合试验区建设实施方案》
2016 年 5 月 20 日	河南省人民政府办公厅关于成立中国（郑州）跨境电子商务综合试验区建设工作领导小组的通知
2017 年 1 月 17 日	河南首批跨境电子商务示范园区及首批跨境电子商务人才培养暨企业孵化平台获得认定
2017 年 5 月 2 日	河南省印发《关于大力发展跨境电商促进产业集群发展的指导意见》
2017 年 7 月 28 日	首届全球跨境电子商务大会在郑州举办
2017 年 10 月 26 日	河南省人民政府办公厅《关于印发河南省物流业转型发展三个工作方案的通知》
2017 年 10 月 30 日	河南省人民政府关于印发中国（河南）自由贸易试验区建设专项方案的通知
2018 年 1 月 10 日	郑州市人民政府《关于加快推进跨境电子商务发展的实施意见》
2018 年 7 月 20 日	河南省人民政府 中国民用航空局关于印发郑州国际航空货运枢纽战略规划的通知
2018 年 12 月 10 日	河南省人民政府印发《关于促进外贸转型发展的通知》

续表

时间	大事件
2019年1月8日	河南省人民政府印发《关于印发优化口岸营商环境促进跨境贸易便利化工作实施方案的通知》
2019年6月17日	中共河南省委河南省人民政府《关于以“一带一路”建设为统领加快构建内陆开放高地的意见》
2019年12月15日	国务院批复设立中国（洛阳）跨境电子商务综合试验区
2020年4月27日	国务院批复设立中国（南阳）跨境电子商务综合试验区
2020年6月13日	海关总署同意在郑州海关开展跨境电商B2B出口监管试点
2020年8月18日	河南省人民政府关于印发中国（洛阳）跨境电子商务综合试验区实施方案的通知
2021年1月14日	河南省人民政府关于印发中国（南阳）跨境电子商务综合试验区实施方案的通知
2021年5月8日	国务院同意河南省开展跨境电子商务零售进口药品试点
2022年1月21日	河南省人民政府关于印发河南省“十四五”开放型经济新体制和开放强省建设规划的通知
2022年1月12日	河南认定首批12家跨境电子商务海外仓示范企业
2022年1月26日	河南省人民政府关于印发河南省“十四五”航空经济发展规划的通知
2022年4月11日	国家跨境电子商务零售进口药品试点在河南启动
2022年2月16日	河南省人民政府关于印发河南省“十四五”深化区域合作融入对接国家重大战略规划的通知

续表

时间	大事件
2022 年 11 月 24 日	国务院批复设立中国（焦作）跨境电子商务综合试验区、中国（许昌）跨境电子商务综合试验区，全省跨境电商综试区增至 5 个
2023 年 3 月 2 日	河南省人民政府关于印发中国（河南）自由贸易试验区 2.0 版建设实施方案的通知
2023 年 3 月 28 日	河南省人民政府办公厅关于印发“河南链”建设实施方案（2023—2025 年）的通知
2023 年 10 月 18 日	河南省人民政府关于印发中国（许昌）跨境电子商务综合试验区实施方案的通知
2023 年 11 月 8 日	河南省人民政府关于印发中国（焦作）跨境电子商务综合试验区实施方案的通知
2024 年 2 月 8 日	河南省人民政府办公厅关于印发加速客流培育提升郑州航空港站综合效益行动方案的通知

二、河南省“智能＋”跨境电商发展条件分析

（一）交通枢纽地位

河南省具有承东启西、连南贯北的交通枢纽地位，郑州逐渐形成以国际航空枢纽为带动、米字形高铁为依托、多种交通方式无缝衔接、一体联运的物流集疏优势，打通了空中、陆上、网上、海上四条“丝绸之路”，连通境内外、辐射东中西的大交通之势正在加速形成。河南省的丰富立体的交通运输方式有效保证

了物流系统的构建，是我省发展跨境电商的重要基础。

2014年习近平总书记在河南考察时，殷切希望河南“建成连通境内外、辐射东中西的物流通道枢纽，为丝绸之路经济带建设多做贡献”。近年来，河南省依照国际航空物流中心定位，加快推进设施先进、运行高效、服务满意的航空货物集疏运网络的建设；加快推进国际快件集中监管中心与德国汉堡等境外货物集散中心建设；多家知名物流企业集聚河南省，不仅包括国内成熟的物流企业，如“三通一达”和顺丰等，也包括国外知名的物流企业，如UPS美国联合包裹、美国联合包裹DHL（王芷芊和朱瑞雪，2018）。

（二）网络基础设施

河南省高度重视数字经济发展，近年来持续加强信息基础设施建设，积极推动5G商用，推进网络提速降费，加快发展“互联网+”产业，强化网络信息安全保障。基于互联网的新产业、新业态、新产品快速发展，有力推动了河南省经济高质量发展。

目前，全省网络供给能力大幅提升，全面实现20户以上自然村4G和光纤宽带网络全覆盖，全省移动电话基站数、互联网省际出口带宽、互联网宽带接入端口数分别居全国第5位、第4位、第6位。信息消费市场持续扩大，全省电话用户1.15亿户、互联网用户1.1亿户，分别居全国第5位、第4位；50M、100M以上宽带用户占比达到99%、89.3%，分别居全国第1位、第7位。移动宽带用户普及率、固定宽带家庭普及率均突破90%。并且，2019年以来，全省信息通信业聚焦网络强省建设，加快5G商用步伐，强化基础支撑能力，共建成开通5G基站4 189个，已实现全省所有省辖市城区5G网络全覆盖，主要开展了5G远程医疗和急救、智慧公交、4K高清直播、泛在电力物联网、智慧旅游等方面的应用。河南省网络基础设施的建设能够为全省数字经济、跨境电商的快速发展打下坚实基础。

（三）特色产业基础

河南省地处平原，地广物博，特色产业品牌众多。河南省加快跨境电商发展，必须有本地产业支撑，为跨境电商持续发展提供货源渠道（陈美菊，2017）。

河南省所拥有的典型行业、产业类型包括：第一，食品行业：双汇、众品、好想你枣、道口烧鸡、三全、思念、白象、科迪、南街村、王守义十三香、金星啤酒、杜康酒、仰韶酒、宋河粮液等。第二，发制品行业：瑞贝卡 Rebecca、恒源 HY、即发、龙正 DPL、瑞美、海森林等。第三，服装行业：梦舒雅、娅丽达、太可思、渡森、逸阳、戈洛瑞丝、德亿斯顿、纽伦、隆庆祥等。第四，医药化工行业：华兰生物、宛西制药、羚锐制药、辅仁药业、太龙药业、天方药业、天冠集团、福森制药等。除此之外，还有汽车行业、冶金行业、能源行业、装备制造业等。

根据河南省商务厅 2022 年发布的《河南省“十四五”电子商务发展规划》，“十三五”期间河南省优势产业与电子商务进一步融合发展，电子商务驱动实体经济加速数字化转型步伐。一是实现制造业与电子商务高效协同。积极开展制造业与互联网融合发展试点，推进装备制造、电子制造、汽车及零部件、食品、纺织服装等优势制造业与电子商务深度融合，促进制造业转型升级、提质增效。二是商贸流通业线上线下深度融合。深入实施“互联网+流通”行动计划，在餐饮、住宿、文旅、教育等行业领域广泛开展电子商务业务，展现出百花齐放的良好局面。全省重点餐饮企业“上线率”超过 80%，餐饮业线上营业额占总额的 10% 以上。特别地，河南省跨境电商进口先发优势明显，郑州已成为国内最大的进口化妆品、保健品、食品跨境电商交易基地，E贸易核心功能集聚区集聚企业1 240家，商品近22万种，获批国内首个跨境电商零售进口药品试点；河南省跨境电商出口潜力巨大，发制品、食用菌、机械制造、服装鞋帽、休闲食品等特色鲜明的跨境电商出口产业集群快速发展壮大，带动优势产品通过跨境电商走出国门。

第八章 河南省“智能+”跨境电商发展的目标思路

一、河南省“智能＋”跨境电商发展主要目标

跨境电商作为外贸转型升级的新动能、经济增长的新热点、对外开放的新渠道，是“互联网＋外贸”的具体体现。河南省依托自身区位优势和政策优势促进跨境电商高质量发展，有助于推动外贸转型发展，加快建设贸易强省以及打造内陆开放高地，进而实现全省经济高质量发展。河南省“智能＋”跨境电商发展的战略总目标就是构建智能化、便利化、国际化的河南省跨境电商发展模式。为了达到这个目标，要深刻剖析河南省自身特点，充分认识到自己的优势和不足，从而因势利导，有序发展。具体而言，河南省跨境电商的发展要以智能物流为基础，郑州综试区为主导，河南自贸试验区为重点，郑州航空港区为突破，内陆对外开放的新高地为发展目标。

一是以智能物流为基础。河南省的交通区位优势为物流业的发展奠定了基础，进一步增强交通区位优势，以智能物流为基础发展现代物流业，将河南省建成连通境内外、辐射东中西的物流通道枢纽，是河南省跨境电商发展的重中之重。

二是以郑州综试区为主导。郑州综试区于2016年获得国务院批复成立，实施总体要求是“立足郑州、梯次推进、带动全省”，以郑州综试区为主导先行先试，探索创新跨境电商发展新

模式，各市积极跟进，推进全省共同发展。

三是以河南自贸试验区为重点。河南自贸试验区是服务于国家战略进行改革创新的试验田，是新时代改革开放的新高地，要以河南自贸试验区为重点，加快形成更多可复制可推广的制度创新成果，以彰显改革开放试验田的标杆示范带动引领作用。

四是以郑州航空港区为突破。郑州航空港区依托航空、高铁、城际铁路、地铁、高速公路等形成的综合交通枢纽有助于构建多式联运体系，依托综保区、电子口岸、出口加工区等有助于打造对外开放载体平台，是跨境电商发展的突破口。

五是以打造内陆地区对外开放的新高地为战略目标。内陆与沿海的协调发展，事关社会稳定和经济持续发展。依托河南省跨境电商的发展优势，扩大内陆地区的对外开放合作，将河南省打造成内陆对外开放高地，带动中原经济区同步发展，对于实现内陆经济规模与质量双跨越、促进中部地区崛起具有重要意义。

二、河南省“智能+”跨境电商发展基本思路

河南省“智能+”跨境电商的升级发展，不仅要着眼于当下，更应布局于未来。既要解决目前发展中的困难与瓶颈，又要能把握全局，进行具有前瞻性的设计，围绕“对接智能技术与跨境电商生态圈——构建智能化的政府管理服务体系——健全完善跨境电商发展政策体系——积极培育跨境电商行业全产业链——打造跨境电商复合型人才聚集地——打造内陆地区对外开放的新高地”这一思路促进河南省“智能+”跨境电商的发展。

一是对接智能技术与跨境电商生态圈。通过将物联网、区块

链、大数据等智能技术应用于跨境电商各主体参与的跨境交易、跨境物流、跨境支付等环节，营造一个智能化的跨境电商生态圈，促进跨境电商高效运行、快速发展。

二是构建智能化的政府管理服务体系。通过应用智能技术来提升业务创新能力和政务服务水平，达到政府部门处理事务能够快速反应、透彻感知、主动服务和科学决策的效果。

三是健全完善跨境电商发展政策体系。通过完善企业主体培育、海关监管、检验检疫、进出口税收、支付结算、物流体系、综合服务体系等跨境电商各主体、各环节的政策措施，营造良好的政策环境，保障跨境电商稳定发展。

四是积极培育跨境电商行业全产业链。围绕跨境电商的新模式、新业态，向前向后横向扩展产业链，形成跨境电商产业链闭环，向上向下纵向扩展，促进传统产业与跨境电商深度融合。

五是打造跨境电商复合型人才聚集地。跨境电商复合型人才是懂电商、精外贸、会英语的高质量人才，这一类人才在河南省或省内地市的集聚，可以激发河南省跨境电商发展活力，汇聚跨境电商发展动能。

六是打造内陆地区对外开放的新高地。河南省跨境电商在制度、管理、服务等领域实现了很多开创性突破，已成为河南对外开放的一张“亮丽名片”，有助于引领内陆地区外贸的转型发展，进而促进内陆地区对外开放新高地的建设。

第九章
河南省“智能+”跨境电商发展路径及着力点

一、河南省“智能 + ”跨境电商发展路径设计

（一）强化政府服务意识

1. 推动政府积极介入和有效参与

当前，全国的跨境电商都处于高速发展阶段，跨境电商企业数量急剧增长，业务增长显著，在进出口贸易中所占比重也不断增长，但是市场发展环境已经显露出一系列的问题和困境，跨境电商受到国内外政策、市场、汇率等影响较大，仅凭市场自身调节难以维持整个行业的持续发展。需要政府积极介入和有效参与，通过引导、监管、服务等手段，整合人才、技术等全产业链条，打通海关、商检等通关环节，建立平台做好金融、物流服务，形成自上而下推动跨境电商健康发展的模式（徐明，2018）。一是积极引导各省辖市根据本地区的行业发展情况和产业特点，制定配套政策来支持人才、资金、服务、税费等多方面的需求；二是加快培育本地支付结算类服务企业获得跨境支付牌照，引导跨境电子商务进出口企业或平台在省内跨境电商综试区设立运营及集货中心，培育外贸综合服务企业，吸引海外搜索引擎营销服务企业来河南发展业务，培育本地跨境电商营销及代运营服务商，完善跨境电商配套服务（张铟，2023）。

2. 增强政府调控市场的责任意识

市场调控是政府监管市场、发展经济的重要职能。新型业态的一个重要特质就是自发生长，互联网的发展孕育了一批依托市场形成的新型业态，跨境电商是其中较为有代表性的新产业，跨境电商涉及个人贸易、境外贸易、互联网贸易，可以说都存在政府监管的盲区。这就要求政府要强化调控市场的责任意识，明确监管责任、范围、强度，发挥政府作用，促进行业发展（徐明，2018）。一是创新数据汇总机制，建设跨境电商监管中心、保税物流中心、综合保税区等海关监管区域，将跨境电商的数据纳入海关统计范围，方便及时全面掌握河南省跨境电商进出口数据，连接主要跨境电商平台，并通过大数据分析手段实时监测；二是探索信用监管服务体系，构建由第三方平台、独立站点、卖家、消费者和物流、金融等产业链上的所有参与者共同参与的信用服务体系，统筹市场监管部门、金融企业和跨境电商平台的共享数据信息，建立跨境电商的监管信用评价体系（张锢，2023）。

3. 丰富政府调控市场的服务功能

要准确把握调控与市场的关系，发挥市场主体作用，同时也要用政府手段弥补市场失灵。在调控市场的过程中，运用政府的服务功能，推动跨境电商的发展，促进实体经济与互联网的融合发展，加强跨境物流支撑，支持电商平台建设，简化通关流程、增强清关效能，加强人才建设，发挥政府调控作用弥补市场不足，推动跨境电商健康有序发展（徐明，2018）。一是健全政府部门协调工作机制，建立高效的信息平台，实现不同部门间信息及时有效共享与合理公开，提高行政工作效率和透明化程度，开展合作治理，完善跨部门协同监管机制；二是设置涵盖省市场监管局、省税务局、省邮政管理局、郑州海关等各方面的信息共享系统，做好与境外通关监管机构的跨国界对接，共同打击各类跨境违法犯罪行为，为服务跨境电商发展做好机制和技术保障（张铟，2023）。

4. 提高跨境电商金融服务水平

金融服务跨境电商具备支撑型服务和衍生型服务的双重性能，赋能跨境电商的采购、交易、物流、支付等全链条，服务内容主要包括融资、支付、清算、信贷保险、境外银行账户以及衍生金融产品等方面（张莉和刘文燕，2022）。提高跨境电商金融服务水平，一是支持金融机构创新服务，增加行业企业融资渠道，为跨境电商企业提供应收账款融资、仓单质押等供应链金融服务，提供出口信用保险和海外仓金融服务加大信贷支持；二是加大对提高跨境结算便利化水平的政策支持，支持银行与转接清算机构、非银行机构依法合规为企业提供跨境人民币收付服务；三是建立河南省重点涉外企业信息库，定期分析相关企业跨境人民币金融服务情况，督促金融部门提高服务水平，支持企业向境外拓展业务，促进跨境电商产业的发展（宋嘉楠，2022）。

5. 完善跨境电商配套服务

跨境电商发展需要相关配套服务予以支持。一是引导跨境电商进出口企业或平台在省内跨境电商综试区设立运营及集货中心；二是吸引海外搜索引擎营销服务企业来河南发展业务，培育本地跨境电商营销及代运营服务商；三是加快培育本地支付结算类服务企业获得跨境支付牌照，积极吸引外省跨境支付机构前来河南创设交易结算中心；四是培育外贸综合服务企业，让其能够与传统企业进行对接，为这些企业提供发展跨境电商的一体化服务；五是鼓励营销推广、摄影美工、策划、创意等相关专业服务业发展；六是加快推动商务会展、教育培训等跨境电商衍生关联产业发展，助推跨境电商全产业链构建；七是引进境内外知名跨境电商平台、支付、物流等龙头企业；八是推动跨境电商海外知名品牌创建，加强知识产权保护，培育本土跨境电商瞪羚企业、独角兽企业（宋嘉楠，2022）。

（二）健全完善政策体系

1. 适应国际规则标准

跨境电商规则标准体系可分为国家法律、行业自律和平台网规三个层面。跨境电商的参与方涉及世界各个国家，仅靠单个国家的法律规定，不仅无法对其进行有效监管，而且容易产生国际纠纷，需协调世界各国的法律法规、依靠行业自律和平台网规进行有效监管，建立全球的网上贸易规则体系。一是积极开展相关领域的国际合作，主动适应国际上有关国际贸易的法律框架，并积极参与国际贸易相关规则的研究和制定，努力争取国际立法中的话语权和主导权。二是参与国际贸易双边和多边谈判中应对跨境电商的专题谈判，利用河南自贸试验区的发展契机，与跨国贸易伙伴进行商务谈判时加强国际贸易规则标准的交流与合作，引导相关标准和规则的制定，占领跨境电商行业制高点。三是政府应该同跨境电商平台一道来参与国际规则的制定，开展国际协调，为中国跨境电商平台全球化创造一个良好的国际规则环境（乔旭亮，2016）。

2. 积极培育市场主体

政府部门应加大对跨境电商及相关企业的政策扶持力度，助力其发展。一是建立跨境电商发展“绿色通道”。政府可在检验检疫、海关、退税、融资、物流等环节设立“绿色通道”，出台一系列在互联网背景下有利于跨境企业发展的政策。二是奖励和惩罚并举。加大对跨境电商、第三方支付平台、国际物流等相关企业的税收优惠力度和资金支持力度，同时对于一些严重影响和阻碍跨境电商健康发展的行为，如诈骗、假冒等违法行为严重影响了外贸市场环境，必须进行制裁，要加大处罚力度，维护消费者权益，保持良好的竞争环境。三是政府可出台一些建议类的政策法规，引导跨境电子商务企业制定科学合理的发展规划（刘利，2017）。

3. 优化通关监管流程

随着跨境电商的快速发展，我国海关监管和服务已得到不断优化和创新，为进一步提升贸易便利化水平，提高跨境商品通关效率，需持续优化通关监管流程。一是创新检验和通关流程，运用互联网、物联网、区块链技术进行线上线下全面监控，并针对不同的企业进行分类管理和监督，提高产品查验和通关效率。二是质检部门要对跨境电商参与主体实施有效监督，将智能技术运用于跨境进出口商品的全过程追溯，做到“源头可追溯，过程可控制，流向可追踪”，提高质检水平和效率。三是逐渐下放一些审批和评审事项，提高同类产品的注册、备案手续的办理效率，缩短相关审批时限。四是建立和完善商品质量监督管理体系和国家贸易风险预警防控体系，为跨境电商的发展提供规范化、专业化和定向化的检验检测服务（刘利，2017）。

4. 建立跨境信用体系

针对跨境电商中存在的买方失信、卖方失信以及物流失信等现象，建立完善的跨境电商信用体系，保障跨境电商各主体信用。一是建立企业信用管理机制。完善跨境电商信用法制体系，制定详细的交易过程管理规范与信用奖惩实施细则，严厉处罚商业欺诈、侵犯知识产权和制售假冒伪劣产品等不诚信的企业行为，完善企业信用评级制度。二是建设信用信息平台。在跨境交易过程中，运用区块链、物联网、互联网、大数据、云计算等智能技术记录跨境交易过程中的所有信息和数据，联合第三方信用机构、银行、工商、公安、税务、保险、海关等部门建立规范统一的信用信息数据库，构建中国全面的信用征信平台，不断丰富数据库，完善信用共享平台，实现信用分类管理，提高政府公共服务和市场监管水平（乔旭亮，2016）。

5. 加快第三方支付体系建设

第三方支付是跨境电商支付的重要主体，加快建设安全高效的第三方支付体系，有利于跨境电商的快速发展。一是优化第三方支付环境。完善跨境支付风险监管法律规范，加快推进跨境电商第三方支付管理办法规定，从外汇业务经营资格、业务范围、外汇业务监督等方面制定严格的跨境支付业务准入标准，规范跨境支付服务市场；允许具有一定规模、风险可控的第三方支付企业开设跨境支付业务，提供我国跨境电子商务交易代理收结汇和结售汇服务。二是实现第三方支付个人外汇管理。第三方支付在为个人提供外汇结算服务时，采取实名认证手段，确保客户身份真实性，实时保存客户交易记录，建立健全跨境电子商务风险控制制度和内部监督制度。加强个人外汇结算账户管理政策的宣传力度，与央行实现联网，将个人交易记录实现传输至央行个人结售汇系统，确保数据的准确与完整，保证个人年度总额管理政策有效执行。三是完善第三方支付监测体系。央行、商务、海关、工商及税务等部门需形成监管机制，建立中国跨境资金应急预案，防止交易过程中出现资金漏洞；对第三方支付机构自身办理的金融业务进行进一步的监察，防止支付金融机构借助自身业务便利进行偷避结汇业务；外汇管理部门加强对第三方支付机构监管，严格控制跨境资金流动，根据第三方支付机构资格进行认定其购付汇额度，并逐步开放电子支付渠道（刘利，2017）。

6. 优化跨境电商数据统计

根据河南省跨境电商发展的实际需求，加快建立全省电商及跨境电商数据统计监测系统，重点做好跨境电商数据分析平台建设。可以采用县级实时监测、市级动态跟踪、省级定期汇总的机制，将收集的数据与海关统计对比印证保证准确性。具体而言，一方面，链接主要跨境电商平台的数据库，通过大数据分析手段进行实时监控，全面摸底河南省跨境电商进出口数据，掌握实际情况；另一方面，建设跨境电商监管中心、保税物流中心、综合保税区等海关监管区，把跨境电子商务数据纳入海关统计范围的同时完成与平台企业数据的联通收集，实现从企业备案到最终商品全无纸化报关，确保信息准确统计（宋嘉楠，2022）。

（三）加快物流设施建设

1. 加快物流基础设施建设

加强河南的物流通道和物流设施建设，大力发展空中、陆上物流。空中物流的重点工作是推动新郑机场加快开辟国际货运航线，开通直航邮路，开展以郑州为起点的国际联程航班混装混载业务以及航空运输货物与快件的国际中转、集拼业务，实现郑州与全球货运枢纽的全面连接。陆上物流以“郑欧班列”为依托，开辟郑州直通中亚、欧洲的陆运邮路，支持在“一带一路”沿线口岸和郑州铁路口岸之间开展进出口集装箱加挂业务试点，建设郑州班列境内境外物流集疏分拨“双枢纽”，全面展开中欧（郑州）班列国际运邮业务。并且，优化全省跨境电商园区、综合保税区（综合保税中心）及国际物流园区布局，发展智慧物流，提升国内外物流配送效率（李晓沛，2018）。

2. 加快物流网络设施建设

在跨境电商网络设施方面，跨境物流发展处于领先水平，集装箱海运尤为发达，为跨境电商发展提供了极其有利的发展条件，但同时跨境物流运输过程中也持续存在商品质量难保证、运输责任难明确、运输周期长、成本费用高等问题。为有效解决这些问题，将智能化建设作为物流产业发展的战略任务，即加快推广区块链、物联网、互联网、云计算、GPS、移动通信、GIS、电子标签等技术在物流领域的应用；推进物流领域公共信息服务平台建设，提升各类信息资源的共享和利用效率；支持物流企业利用智能技术提高仓储、采购、运输、订单等环节的科学管理水平；加强物流领域信息安全保障等。

3. 加快推动海外仓/保税仓建设

围绕郑州首创的“1210模式”，也就是保税备货模式，积极推动海外仓和保税仓建设。在跨境电商出口、进口模式中，通过在境外、境内建设海外仓、保税仓或者通过在境外、境内注册企业等方式，把国内（国外）的货物大批量直接发送至海外仓（保税仓）。通过网上平台销售货物后，由海外仓（保税仓）或境外（内）注册企业直接进行配送，缩短物流配送时间，快速响应退货、换货、维护及回访等服务。海外仓和保税仓的建设，有利于促进亚马逊、eBay等现有成熟平台和网络将境外交易变成境内交易，极大缩短市场进入、法律法规等磨合适应期，快速、安全地进入销售通道（李晓沛，2018）。

4. 大力发展第三方物流

创新物流发展模式，大力发展第三方物流。引进国外发达的物流管理技术，把成熟物流管理技术经验与中国国情相结合，引导企业合并、重组、整合，并组建跨境物流集团，大力发展第三方跨境物流。同时，吸引集聚国际货代、国际物流公司，积极发展跨境电商物流和供应链集成服务。依照消费者的不同需求选择不同的运输方式，以缩短国际货运时间，为消费者带来更加便利的物流体验（王芷芊和朱瑞雪，2018）。

（四）延伸扩展产业链条

1. 横向延伸跨境电商产业链

跨境电商行业产业链较长，以跨境电商平台（核心物种）为核心，聚集上下游企业（关键物种）以及政府部门和众多服务商（支持物种和寄生物种，包括商检部门、物流公司、仓储公司、第三方支付公司、外贸综合服务公司、银行等），分别参与“货物流、资金流、信息流、商流”多个环节。一是着力培育跨境电商新模式、新业态，建设跨境电商全产业链企业，以跨境电商平台为支撑，向上向下拉长跨境电商产业链条，拓展商品采购、金融服务、物流服务、商务中介、科技研发等服务功能，逐步形成完整的跨境电商生态闭环，建成国际跨境电商龙头企业。二是加强政策支撑，营造良好的跨境电商“软环境”，吸引集聚国内外的跨境电商500强企业、跨境电商物流百强企业及国际金融货代、商务会展、咨询中介等总部企业，打造完整的跨境电商产业链和综合服务生态链（李晓沛，2018）。

2. 纵向扩展跨境电商产业链

跨境电商的发展充分依赖互联网技术的应用，贸易型企业借助互联网技术实现了跨境贸易的转型。纵向扩展跨境电商产业链，促进传统产业与跨境电商深度融合，有助于促进跨境电商的持续健康发展。一是鼓励传统贸易企业自行运用线上模式开展跨境交易，直接接触海外市场。跨境电商使企业无需通过代理商感知海外市场，而是真正走到了市场第一线，拉近了生产者与消费者的距离，企业可以实时地了解目标客户的需要，改良产品工艺，实现订单式生产，提高产品附加值。二是政府做好跨境电商平台的搭建者，为中小企业提供第三方平台，让企业可以通过平台实现跨境交易。三是政府做好市场秩序的捍卫者，加强法律法规的宣传尤其是境外当地法律的宣传，加大违法违规行为的打击力度，帮助企业打破贸易壁垒，发挥跨境优势（徐明，2018）。

（五）加快人才培养引进

1. 加快跨境电商人才培养

跨境电商发展过程中解决人才供不应求的关键之处在于利用各方资源打通培养人才的渠道。一是要发挥高等院校的作用，大力培养复合型的跨境电商人才，高校在制定培养方案时应该具有针对性，在合理设置有关跨境电商的相关课程的同时注重与实践的结合。同时，加大对跨境电商的职业教育的投入，培养跨境电商对口的专业技术人员。二是利用各方资源，鼓励企业开展对跨境电商从业人员的培训，以实践为基础，增加从业人员的专业知识、提高其技能水平。三是要加强跨境电子商务企业与各高等院校和职业培训学校的合作，搭建产学研一体的人才培养与教育平台，从而增强在校大学生的实践能力，提升跨境电商从业人员的总体水平（杨春花，2018）。

2. 加快跨境电商人才引进

加快跨境电商人才引进是跨境电商发展过程中解决人才供不应求的另一策略。一是打破人才引进刚性制约。打破户籍、地域、人事关系等物理刚性制约，实施人才引进柔性化和人才运用动态化的策略，做到广罗四方之才为我所用，打开一种人才在不同地域、不同时间、不同领域都能为河南省跨境电商发展所用的新局面（郑远强、郭君和朱丽军，2019）。二是建立柔性人才引进机制。破除“全时全职”的传统引进人才观念，加大柔性化人才引进策略的推进，即提升“候鸟型专家”“打短工技术人员”的柔性人才重视程度，通过聘请“周末专家”“假期教授”“项目借调”“定期指导”等方式，实时邀请专家、学者到河南省跨境电商领域工作（郑远强、郭君和朱丽军，2019）。三是引进海外留学背景的优秀人才。充分学习和利用发达国家关于发展跨境电商的经验，同时结合中国企业的实际情况，通过人才交流不断推动我国跨境电商人才的专业水平（杨春花，2018）。

3. 健全跨境电商人才保障体系

健全跨境电商人才保障体系，进而释放人才活力。一是打造宜居、宜商、宜业、宜产、宜学的人才创新创业就业良好环境，为河南省跨境电商发展聚人气。二是进一步推进“放管服”改革，优化创造良好的营商环境，形成具有国际影响力的产业集群，发挥企业在引进人才中的主体地位，对人才形成强有力的

“虹吸效应”。三是确保人才引入后的各项基础设施具有充足的保障，强化安居、医疗、子女就学等措施，进一步提升当地的教育水平、医疗水平、生活环境，促进教育和医疗资源的科学分配与使用，显著提升软硬件服务保障水平（郑远强、郭君和朱丽军，2019）。

（六）全面提升对外开放

1. 抓住“一带一路”发展机遇

“一带一路”倡议为跨境电商发展提供了众多红利，充分利用“一带一路”倡议的推进，抓住郑州航空港建设给予河南省的国际物流优势，推动河南省跨境电商快速发展。抓住“一带一路”形成的发展红利，一是加强基础设施建设，促进跨境路网和口岸建设，降低流通成本；二是增强政策支持，在清关、税收等方面出台一系列专项政策，减少国际贸易摩擦；三是加强河南省与“一带一路”沿线国家或地区的交流合作，为中国企业走出去、商品双向流通提供潜在市场。这些红利使河南省与“一带一路”沿线国家和地区经济合作的跨境成本快速降低，不断消除贸易瓶颈，为“买全球、卖全球”提供良好的发展机遇，是河南省跨境电商快速发展的重要保障（韦斐琼，2017）。

2. 依托“河南自贸试验区”平台

自由贸易试验区的开放环境为跨境电商的发展提供了机遇，是跨境电商发展的制度体制创新、商业模式创新以及技术创新的先行先试区域。一是河南自贸试验区的设立本质上是对外开放的创新，通过制度创新促进贸易和投资的便利化，这为河南对外开放发展注入了新鲜血液。二是河南自贸试验区可发挥政策优势和区位优势，加强国际技术、资金、人才等要素的集聚，以促进实体经济和跨境电商相互融合，推进产业转型升级。三是河南自贸试验区的发展能够促进现代物流业的发展，有利于进一步开放我国内陆地区，进而推进丝绸之路经济带建设。四是利用河南自贸试验区的发展，加强与国际规则的联系，建立辐射中部地区的开放平台，形成中原经济区增长极，打造开放型经济。

3. 切实提升对外影响力

提高对外开放水平，扩大河南省跨境电商发展的辐射范围，提高河南省的对外影响力。一是继续办好全球跨境电商大会，加强和深化全球跨境电商交流合作，围绕跨境电商新规则、商业模式、贸易便利化等内容探索推动外贸高质量发展的路径。二是筹备召开跨境电商企业招商推介会，借鉴武汉跨境电商发展的先进经验，争取更多的国内外优质企业入驻河南，助力河南省投资兴业，以高水平开放促进高质量发展，在中部地区崛起中奋勇争先。三是联合市场主体及权威机构，成立跨境电商人才联盟、跨境电商学院、跨境电商仲裁联盟等，推动跨境电子商务创新发展。

二、河南省“智能+”跨境电商发展的具体着力点

（一）研究制定统一规则和标准，提升全球影响力和话语权

“郑州1210模式”是郑州首创的保税备货模式，已在全国范围内进行推广复制，并受到国际认可。在此基础上，应进一步研究制定国际认可的贸易规则和标准，扩大河南省跨境电商发展在

全球的竞争力。

一是持续加大“郑州1210模式”的政策扶持力度，在探索跨境电商发展新模式的同时，以“郑州1210模式”为基础，加快研究制定多部门协同的监管流程和标准，围绕仓储、监管、运输、支付等环节，积极研究制定全球认可的跨境电商规则与标准。

二是加速形成郑州跨境电商标准化体系。借助郑州市政府与中国标准化研究院的合作，通过各种渠道将实践成熟的相关成果和经验提炼转化为标准（包括国际标准、国家标准、行业标准等），进而通过标准化推广郑州模式。

三是要成为标准的制定者，着力提高影响力和话语权。为此政府应该出台相应的政策，为标准化试点示范工作、相关国际标准会议承办、培训与人才交流等活动提供支持与优惠。

（二）升级完善“单一窗口”建设，提高跨境贸易便利化水平

充分运用国家相关试点政策，主动谋求将郑州打造为全国范围内的跨境电商综合监管改革试点区域，积极探索有利于跨境电商发展的新型服务与监管模式。

一是推进“单一窗口”建设，实现监管信息化。首先，要建立统一的标准，包括数据标准与格式、对应代码等；其次，要实现各部门之间信息共享，打破海关、国检、工商、税务等部门的数据壁垒；最后，则是要实现通关申报数据的标准化、一体化和国际化，以提高跨境物流运输效率。

二是统一各地之间的“单一窗口”建设，实现河南省内各地市之间的信息联通与共享。此举有利于推动全省跨境电商交易平台与物流、金融、监管等其他平台的相互连通，从而促进信息共

享，提高贸易便利化水平。

（三）加强跨境物流智能化应用，保障跨境电商发展原动力

跨境电商的快速发展对跨境物流提出了更高的要求，依托河南省地处内陆腹地、承东启西、连接南北的区位优势，运用智能技术做大做强物流业，发展信息化、数字化、智能化的跨境物流是河南省跨境物流未来的方向。

一是物流技术的改进和创新，通过信息技术在运输、装卸搬运、仓储等跨境物流过程各环节的深度应用，来实现物流和信息流线上和线下同步。

二是打通物流企业、电商企业、支付平台、海关、检验检疫、税务部门等各主体间的数据壁垒，展开数据交换和数据共享，提升物流效率，加快跨境电商物流系统智能化建设。

三是物流技术的应用标准必须与国际接轨，同世界主流的操作标准一致，有助于提升国际物流的效率，降低运营成本，营造一流水平的基础发展环境，积极主动扩大对外开放的广度和深度。

（四）不断完善跨境电商产业链，促进跨境电商高质量发展

跨境电商是全球化发展到一定阶段、互联网技术趋于成熟、国际贸易营商环境大幅改善、物流等配套服务完善高效的基础上形成的新业态。完善跨境电商产业链和生态圈，集聚生产制造、电商平台、仓储物流等各类企业，发展物流、支付、快递等服务行业，带动本地区及周边地区的外贸发展，是促进跨境电商高质量发展的关键。

一是抢占跨境电商产业价值链高端，鼓励跨境电商企业融入全球跨境电商生态体系，增强整合国内外市场、上下游产业的能

力，积极利用全球创新资源，将产业合作逐步延伸至研发、设计、营销以及品牌培育等高端环节。

二是加大口岸体系建设支持力度，在航空港实验区内八大产业集群的基础上，将口岸体系建设与跨境电商产业发展相结合，寻找智能终端、生物医药等适合跨境进出口的特色产业，积极谋划、培育本地特色跨境电商品牌。

三是要不断弥补短板，充分利用跨境电子商务出口的相关政策，通过先行先试、示范带动，促进河南省传统优势产业利用跨境电子商务平台转型升级，从而为跨境电子商务发展注入新动力。同时推动各类产业园区规范有序建设，形成完善的跨境电商产业链，示范带动跨境电商高质量发展。

（五）加快复合型人才培养引进，打造复合型人才聚集高地

推动“政策+环境+机制”多向发力，加速“人才+项目+产业”深度融合，加快跨境电商复合型人才的聚集，充分发挥人才作为第一资源的引领和支撑作用。围绕跨境电商人才链，集中力量引进和培养领军人才（团队），推动河南省“智能+”跨境电商的升级。

一是对于懂电商、精外贸、会英语等掌握多种知识技能的顶尖跨境电商人才（团队）引进采取“一事一议”的形式，给予相应奖励，同时推动评价标准由身份导向转向项目绩效导向，依据创新能力、项目规模、取得效益等因素，对入选的高层次人才项目给予100万—400万元奖励。

二是对于一般跨境电商人才，在“智汇郑州”人才工程为统揽的一系列人才引进措施基础上，做好省内普通高校、应用型高校以及职业院校与企业相互对接的跨境电商应用型人才的培养工作，并在实践中积累人才培养经验，形成跨境电商人才培养的成

熟体系，为河南省跨境电商持续发展提供坚实人才和智力支撑。

（六）完善综试区管理体制机制，推进跨境电商发展再创新

郑州跨境电商综试区是发展跨境电商的功能性区域，改革先行、创新发展是其建设的基本原则之一。以支付、物流、通关等环节的技术标准建设、业务流程建设和信息化建设为着力点，不断探索与改革，推动跨境电子商务自由化、便利化发展。

一是在郑州跨境电商综合试验区建设工作领导小组及其下设办公室的负责下，推进跨境电商综合试验区的建设工作，鼓励推进郑州跨境电商综试区的创新工作。特别是继续探索创新监管服务模式，加强事中事后监管，大胆简政放权，破解体制机制制约。

二是增加资金、土地、产业、金融等政策措施支持，多措并举、综合施策，扎实推进跨境电商平台建设、跨境电商园区建设、海外仓建设、人才引进培养、跨境电商企业发展等，强力支持郑州跨境电子商务综试区的快速发展。

三是河南保税物流集团作为郑州跨境电商综试区核心区功能性平台运营企业，承担着我国内陆地区跨境 E 贸易试点、模式创新、国际通行标准制定和规则互认的重要使命，研究解决河南保税物流集团发展中遇到的主要困难和问题，鼓励河南保税物流集团创新发展，是当前的重要任务。

（七）积极融入国家级重大战略，打造内陆对外开放新高地

河南省积极融入“一带一路”倡议、中部地区崛起、中原经济区发展等一系列国家级重大发展战略，依托“五区联动”和“四路协同”，打造内陆地区对外开放的新高地，进而推进河南省跨境电商的高质量发展。

一是统筹推进郑州航空港区、河南自贸试验区、郑洛新国家自创区、郑州跨境电商综试区、大数据综合试验区“五区”联动发展，实现有限资源的合理利用，鼓励开放平台在产业链的不同环节分工协作、共生互补，提升开放平台功能。

二是要着力推进陆上、海上、网上、空中“四路”协同发展，把“四路协同”作为一个有机整体，统筹布局与发展，进一步提升开放通道优势。“五区”作为全省对外开放的重要平台，与作为对外开放战略通道的“四路”相叠加，成为新时期引领全省全方位高水平开放发展的综合体，进一步促进“智能+”跨境电商的高质量发展。

参考文献

[1] Ansoff H. I. Corporate strategy: An analytic approach to business policy for growth and expansion [M]. Penguin books, 1970.

[2] Blum B. S., Goldfarb A. Does the internet defy the law of gravity? [J]. Journal of international economics, 2006, 70 (2): 384 -405.

[3] ECLAC. Electronic commerce, international trade and employment: review of the issues [DB/OL]. https://www.semanticscholar.org/paper/Electronic-commerce%2C-international-trade-and-review-Washington/3662e4590bb8a7259d1174d507b1cc3810d08c91. 2002-04-08/2024-02-14.

[4] Gesner G. H. Cross-border E-commerce and logistics mode innovation [J]. Research in Transportation Business & Management, 2015, 12 (3): 21 -35.

[5] Gessner G. H., Snodgrass C. R. Designing e-commerce cross-border distribution networks for small and medium-size enterprises incorporating Canadian and US trade incentive programs [J]. Research in Transportation Business & Management, 2015, 16: 84 -94.

[6] Hermann H. Synergetics of brain function [J]. International Journal of Psychophysiology, 2006, 60 (2): 110 -124.

[7] Hohenstein P. C. Crossing e-commerce borders like a diplomat [J]. AFP EXCHANGE, 2000, 20 (4): 134 -137.

[8] Kaplan A., Haenlein M. Siri, Siri, in my hand: Who's the fairest in the land? On the interpretations, illustrations, and implications of artificial in-

telligence [J]. Business horizons, 2019, 62 (1): 15 -25.

[9] Kim K. , et al. The healthiness of business ecosystem and its effect on SMES performance [R]. International Council for Small Business (ICSB), 2010: 1 -17.

[10] Kim T. Y. , Dekker R. , Heij C. Cross - border electronic commerce: Distance effects and express delivery in European Union markets [J]. International Journal of Electronic Commerce, 2017, 21 (2): 184 -218.

[11] Lendle A. , Olarreaga M. , Schropp S. , et al. There goes gravity: eBay and the death of distance [J]. The Economic Journal, 2016, 126 (591): 406 -441.

[12] Margaret A. B. Artificial intelligence [M]. Amsterdam: Elsevier, 1996: 2 -10.

[13] Moore J. F. Predators and Prey: A New Ecology of Competition [J]. Harvard Business Review, 1994, 71 (4): 75 -86.

[14] Pierce L. Big losses in ecosystem niches: How core firm decisions drive complementary product shakeouts [J]. Strategic Management Journal. 2009, 40 (4): 424 -447.

[15] Simmons A. B. , Chappell S. G. Artificial intelligence - definition and practice [J]. IEEE journal of oceanic engineering, 1988, 13 (2): 14 -42.

[16] Tansley A. G. The use and abuse of vegetational concepts and terms [J]. Ecology. 1945, 16 (4): 284 -407.

[17] Terzi N. The impact of e - commerce on international trade and employment [J]. Procedia - social and behavioral sciences, 2011, 24: 745 - 753.

[18] 包振山，金丹．跨境电商与经济内外循环：日本的实践及镜鉴 [J]. 商业经济研究，2023 (09)：117 -123.

[19] 蔡磊．数字经济背景下跨境电商税收应对策略探讨 [EB/OL]. http: //ipft. ruc. edu. cn/yjcg/sdpl/9f58040605374a1f86c303669f746cc7. htm. 2019 -09 -25/2024 -02 -10.

［20］常金玲，裴阳．“智能+”背景下河南省跨境电商发展策略［J］．创新科技，2019，19（11）：17－22.

［21］长江日报记者．加速发展“跨境电商+产业带”［N］．长江日报，2024－01－24（03）．

［22］陈翠翠，侯瑾．高校跨境电商物流人才培养路径［J］．山西财经大学学报，2023，45（S2）：148－150.

［23］陈萍．新形势下河南对外贸易发展的现状分析与对策研究［J］．郑州轻工业大学学报（社会科学版），2021，22（05）：68－74.

［24］程中海，王小月．中国跨境电商出口贸易便利化影响因素研究［J］．商业经济研究，2020（05）：139－143.

［25］戴艳娟，沈伟鹏．跨境电商改革与出口企业数字技术创新——基于跨境电子商务综合试验区的准自然实验［J/OL］．西部论坛：1－16［2024－02－16］．

［26］丁宝根，赵玉，彭永樟．“区块链+跨境电商”变革的现实性、限度性与政策建议［J］．当代经济管理，2020，42（01）：64－70.

［27］董战山，谭伟，刘琳等．跨境电商相关税收政策国际比较研究［J］．国际税收，2022（07）：58－67.

［28］范晗馨．人工智能在跨境电商中应用的动因分析与效果评价研究［D］．华南理工大学，2023.

［29］冯萌．中日跨境电商的发展现状及对策研究［D］．安徽大学，2019.

［30］高荣．大数据与物联网在高校图书馆的应用前景分析与适应性比较研究［J］．新世纪图书馆，2015（11）：86－90.

［31］郭扬．后疫情时代中国跨境电商发展的驱动机制研究［J］．价格月刊，2023（02）：87－94.

［32］河南省统计局第三产业调查室．上半年河南电子商务保持快速增长［EB/OL］．https：//tjj. henan. gov. cn/2023/08－09/2794495. html. 2023－08－07/2024－02－18.

［33］河南省政府新闻办．东盟成第二大贸易伙伴 2022 年河南跨境电

商进出口额 2209.2 亿元［EB/OL］. https：//www.henan.gov.cn/2023/09-25/2821103.html.2023-09-25/2024-02-18.

［34］赫尔曼·哈肯. 协同学-大自然构成的奥秘［M］. 上海译文出版社，2005.

［35］赫尔曼·哈肯. 信息与自组织［M］. 成都：四川教育出版社，1988.

［36］黄先海，虞柳明，崔雪. 长三角共同富裕新实践：跨境电商综试区建设对城乡收入差距的影响［J］. 浙江社会科学，2022（11）：20-31+155-156.

［37］黄翔. 长三角地区跨境电商产业高质量发展影响因素研究——基于 Malmquist 指数模型［J］. 财经理论与实践，2023，44（05）：92-98.

［38］黄晓瑞. 政策视阈下的甘肃省跨境电商发展策略研究［D］. 兰州财经大学，2023.

［39］姜健洋. 基于物联网技术的智慧图书馆建设研究［D］. 黑龙江大学，2018.

［40］姜旭男. 区块链在跨境电商中的应用研究［D］. 天津商业大学，2020.

［41］金杭滨. 熊彼特创新理论对我国实施创新驱动发展战略的启示研究［D］. 云南财经大学，2023.

［42］鞠雪楠，赵宣凯，孙宝文. 跨境电商平台克服了哪些贸易成本？——来自“敦煌网”数据的经验证据［J］. 经济研究，2020，55（02）：181-196.

［43］李富. “一带一路”背景下河南省“四路协同”发展研究［J］. 河南广播电视大学学报，2022，35（01）：32-37.

［44］李海波. 区块链视角下我国跨境电商问题解决对策［J］. 中国流通经济，2018，32（11）：41-48.

［45］李娟，李卓. 智能时代信息伦理的困境与治理研究［J］. 情报科学，2019，37（12）：118-122+133.

［46］李娟．河南省跨境电商发展现状、问题及对策分析［J］．河北企业，2019（07）：50－51.

［47］李隽波，陈铭达，覃春莲．我国跨境电商发展水平评价研究——基于模糊网络分析法的分析［J］．价格理论与实践，2020（11）：157－160.

［48］李恺怀．我国跨境电子商务发展水平影响因素研究［D］．贵州财经大学，2023.

［49］李卢一，郑燕林．物联网在教育中的应用［J］．现代教育技术，2010，20（02）：8－10.

［50］李晓沛．“一带一路”倡议下河南跨境电商发展研究［J］．河南工业大学学报（社会科学版），2018，14（02）：19－25.

［51］李旭东，王耀球，王芳．区块链技术在跨境物流领域的应用模式与实施路径研究［J］．当代经济管理，2020，42（07）：32－39.

［52］李耀华．郑州跨境电商试验区人才需求与培养研究［J］．合作经济与科技，2021（20）：114－115.

［53］李震，赵春明，李宏兵．贸易新业态与稳就业——来自跨境电商综合试验区的证据［J］．经济科学，2023（04）：28－44.

［54］梁福．质量溯源导向下跨境电商商品质量监管体系构建策略［J］．商业经济研究，2016（09）：98－99.

［55］林晓怡，申志轩，庄惠明．跨境电商改革对城市创业活力的影响及其机制——基于跨境电商综合试验区的考察［J］．湖南农业大学学报（社会科学版），2024，25（01）：91－102.

［56］刘江伟．跨境电商生态系统协同演化研究［D］．长春工业大学，2018.

［57］刘利．互联网背景下国际贸易发展问题研究［D］．长春工业大学，2017.

［58］刘伟，金华珊，刘海琪，步恩撒．打造跨境电商全球第一流的杭州探索［EB/OL］．https：//www.hangzhou.gov.cn/art/2022/8/2/art_812262_59062519.html. 2022－08－02/2024－02－21.

［59］刘伟，刘海琪．5.5 万家企业诞生 产业规模增长千倍 数据折射八年来杭州跨境电商变革［N］．杭州日报 2023－03－08（14）．

［60］刘曦．跨境电商综试区政策对城市产业结构转型升级的影响研究［D］．河南财经政法大学，2023．

［61］刘曦．跨境电商综试区政策对城市产业结构转型升级的影响研究［D］．河南财经政法大学，2023．

［62］刘歆玥．区块链、生态保险与跨境电商［D］．浙江大学，2019．

［63］刘洋，牛亚南，赵露露．“跨境电商＋服务中心”模式可行性分析——以河南省为例［J］．中国集体经济，2021（19）：107－109．

［64］刘雨彤．跨境电商生态系统内在协同演化研究［D］．辽宁师范大学，2023．

［65］罗珊珊．跨境电商　开拓外贸新增长点［N］．人民日报，2023－07－31（06）．

［66］吕亦淏．跨境电商发展中苏州市姑苏区政府职能优化研究［D］．上海海洋大学，2023．

［67］马金莲．我国跨境电子商务海关监管问题研究［D］．燕山大学，2017．

［68］马秀红，王海涛，李文哲等．区域协同型跨境电商生态系统发展水平评价［J］．商业经济研究，2022（21）：137－141．

［69］孟涛，王春娟，范鹏辉．数字经济视域下跨境电商高质量发展对策研究［J］．国际贸易，2022（10）：60－67．

［70］尼尔斯·尼尔森．人工智能［M］．郑扣根，庄越挺，译．北京：机械工业出版社，2000：1－3．

［71］彭佳慧．中国—东盟数字经济合作研究［D］．黑龙江大学，2023．

［72］浦东平，樊重俊，梁贺君．基于区块链视角的电商平台体系构建及应用［J］．中国流通经济，2018，32（03）：44－51．

［73］乔旭亮．上海自贸区建设背景下我国跨境电子商务发展问题研究［D］．广西大学，2016．

[74] 阮俊霖．区块链技术在我国跨境电商中的创新与应用 [J]．北方经贸，2024 (01)：127 - 131.

[75] 邵阔义．电商生态系统的研究意义及发展动态 [J]．金融电子化，2012 (8)：52 - 54.

[76] 师宁，李泽萍，赵胜利，周丽．基于互联互通的现代物流体系构建 [J]．科技管理研究，2019，39 (15)：191 - 197.

[77] 施寒潇，毛郁欣．基于文本挖掘的中国跨境电商政策量化研究 [J]．商业经济与管理，2022 (11)：5 - 17.

[78] 石纯一等．人工智能原理 [M]．北京：清华大学出版社，1993：5 - 7.

[79] 史亚茹，于津平．跨境电商改革与企业创新——基于跨境电商综合试验区设立的准自然实验 [J]．国际贸易问题，2023 (04)：37 - 55.

[80] 宋嘉楠．河南跨境电商发展中省政府职能履行研究 [D]．河南大学，2023.

[81] 宋敏．2023 年河南省跨境电商进出口额同比增长 7.3% [N]．河南日报，2024 - 01 - 30 (01).

[82] 宋鹏杰．基于区块链的跨境电子商务电子支付模式研究 [D]．郑州航空工业管理学院，2018.

[83] 苏州市商务局．苏州跨境电商全力跑出"加速度" [EB/OL]．https：//www. suzhou. gov. cn/szsrmzf/bmdt/202304/7c2d8563caa143feac823b4792f0145c. shtml. 2023 - 04 - 07/2024 - 02 - 21.

[84] 孙静．以数字贸易推动郑州对外贸易高质量发展 [N]．郑州日报，2022 - 04 - 11 (08).

[85] 孙静．勇做跨境电商"弄潮儿"——河南"网上丝绸之路"发展观察 [EB/OL]．https：//hnsswt. henan. gov. cn/2023/05 - 05/2736612. html. 2023 - 05 - 10/2024 - 02 - 10.

[86] 孙静．郑州综试区位居第一档（奋进新征程　豫见新气象）[N]．河南日报，2022 - 03 - 29 (03).

[87] 孙丽云，燕春蓉．国际电子商务与传统国际贸易实务之比较

[J]. 国际贸易问题，2011，11（12）：44－47.

[88] 孙宁悦. 基于区块链技术的我国跨境电商发展问题研究［D］. 黑龙江大学，2023.

[89] 孙妍. 我国跨境电商出口贸易问题解决对策［D］. 天津商业大学，2019.

[90] 唐红涛，张俊英. 虚拟商圈集聚：机理和效应分析［J］. 中国流通经济，2014，28（02）：83－87.

[91] 唐学朋，余林徽，王怡萱等. 跨境电子商务与中国家庭福利——基于家庭消费视角的实证研究［J］. 数量经济技术经济研究，2023，40（11）：137－157.

[92] 唐忠，李晶. 跨境电商对我国农产品出口的影响分析——基于贸易成本的视角［J］. 贵州财经大学学报，2023（03）：7－17.

[93] 田广，刘瑜. 论文化因素对"一带一路"跨境电商的影响［J］. 社会科学辑刊，2021（03）：95－104.

[94] 王飞. 区块链技术与促进我国跨境电商发展的新思路研究［J］. 理论月刊，2019（03）：117－122.

[95] 王津津，任保平. 跨境电商赋能中国式现代化的逻辑与路径研究［J］. 河南社会科学，2023，31（11）：63－73.

[96] 王利荣，芮莉莉. 跨境电商综合试验区对地区经济的影响及差异性分析——基于"反事实"视角［J］. 南方经济，2022（03）：53－73.

[97] 王瑞，顾秋阳，钟冰平. 跨境电商需要什么样的贸易便利化？——来自中国35个城市跨境电商综试区的证据［J］. 浙江学刊，2020（04）：100－110.

[98] 王铁峰. 许昌市跨境电商物流系统协同发展研究［D］. 河南大学，2018.

[99] 王玉柱，冯家上. 跨境电商重构中亚地缘经济空间［J］. 俄罗斯研究，2023（05）：79－100.

[100] 王芷芊，朱瑞雪. 河南省跨境电商发展现状和对策分析［J］. 产业与科技论坛，2018，17（17）：21－22.

［101］王志盼，张清凌，宋小青等．基于位置大数据的中国跨境电商时空格局变化及其影响机制［J］．经济地理，2022，42（01）：44－52.

［102］王治东．“物联网技术”的哲学释义［J］．自然辩证法研究，2010，26（12）：37－41.

［103］韦大宇，张建民．中国跨境电商综合试验区建设成果与展望［J］．国际贸易，2019（07）：18－24.

［104］韦斐琼．“一带一路”战略红利下跨境电商发展对策［J］．中国流通经济，2017，31（03）：62－70.

［105］魏浩，涂悦．中国跨境电商零售进口：发展特点、存在问题与政策建议［J］．国际贸易，2023（04）：31－39.

［106］魏浩，王超男．中国跨境电商进口发展存在的问题与对策［J］．国际贸易，2021（11）：44－50＋69.

［107］翁东玲．第三方跨境支付机构的发展策略研究［J］．亚太经济，2018（06）：39－47＋147.

［108］吴锐侠．产业集群视角下河南省跨境电商发展研究［J］．内蒙古煤炭经济，2021（18）：90－91.

［109］武晓钊．物联网技术在仓储物流领域应用分析与展望［J］．中国流通经济，2011，25（06）：36－39.

［110］肖峰．从互联网到物联网：技术哲学的新探索［J］．东北大学学报（社会科学版），2013，15（03）：221－227.

［111］谢晓煜．跨境电商在线纠纷解决机制研究［D］．烟台大学，2024.

［112］徐保昌，李涵，郭玉明．跨境电商综试区设立的入境旅游经济驱动效应研究——一项准自然实验［J］．自然资源学报，2023，38（11）：2899－2918.

［113］徐明．跨境电商发展过程中的政府作用研究［D］．宁波大学，2018.

［114］薛朝改，周马玲，曹武军．基于系统动力学的跨境电商生态系统动力机制研究［J］．工业工程，2020，23（04）：84－92.

［115］薛桃．黑龙江省跨境电子商务政策体系优化研究［D］．哈尔滨工程大学，2018.

［116］杨春花．跨境电子商务生态圈优化研究［D］．青岛大学，2018.

［117］杨慧如．河南省跨境电商产业竞争力评价研究［D］．天津财经大学，2022.

［118］杨凯丽，姜超峰．河南省跨境电商物流发展现状与对策［J］．中国储运，2023（06）：98－99.

［119］杨祥金，蔡庆生．人工智能［M］．北京：科学技术文献出版社，1988：1－5.

［120］杨霄．突破2 000亿元！去年河南跨境电商进出口交易额同比增长15.7%［EB/OL］．https：//hnsswt.henan.gov.cn/2022/01－25/2388270.html.2022－01－25/2024－02－18.

［121］杨智中．跨境贸易电子商务的海关监管研究［D］．大连理工大学，2015

［122］尹思凝．中国跨境电商发展面临的风险及对策研究［D］．吉林大学，2019.

［123］张蓓．“一带一路”战略下我国跨境电商面临的机遇与挑战［J］．商业经济研究，2017（11）：64－66.

［124］张兵兵，陈羽佳，朱晶等．跨境电商综合试验区与区域协调发展：窗口辐射还是虹吸效应［J］．财经研究，2023，49（07）：34－47.

［125］张崇辉，张乐，苏为华．基于中小企业视角的跨境电商人才需求分析［J］．调研世界，2020（07）：12－17.

［126］张国钧．新发展格局下跨境电商税收征管面临的挑战及建议——基于厦门市跨境电商的调查［J］．税务研究，2023（09）：26－31.

［127］张洪胜，谢月星，杨高举．制度型开放与消费者福利增进——来自跨境电商综试区的证据［J］．经济研究，2023，58（08）：155－173.

［128］张慧．我国跨境电商服务行业发展趋势研究［J］．中国商论，2024（04）：141－144.

［129］张莉，刘文燕．金融服务跨境电商新趋势［J］．中国金融，2022（18）：45－47.

［130］张顺，费威，佟烁．数字经济平台的有效治理机制——以跨境电商平台监管为例［J］．商业研究，2020（04）：49－55.

［131］张伟年，卢晓静，李孟华．中国跨境电商发展的影响因素研究［J］．海南大学学报（人文社会科学版），2019，37（03）：57－63.

［132］张夏恒，郭海玲．跨境电商与跨境物流协同：机理与路径［J］．中国流通经济，2016，30（11）：83－92.

［133］张夏恒．跨境电商物流协同模型构建与实现路径研究［D］．长安大学，2016.

［134］张夏恒．跨境电子商务人才供需矛盾与解决路径［J］．当代经济管理，2017，39（09）：68－72.

［135］张夏恒．移动电子商务生态系统构建路径研究［J］．北京邮电大学学报（社会科学版），2016，18（01）：40－44.

［136］张晓雯．跨境电商综合试验区设立对区域经济增长的影响研究［D］．北方民族大学，2023.

［137］张衍斌．以区块链技术构建中欧跨境电子商务生态圈［J］．中国流通经济，2018，32（02）：66－72.

［138］张锢．提升制度创新和监管服务水平　促进河南跨境电商发展［EB/OL］．https：//www. hnzx. gov. cn/2023/10－31/4330841. html. 2023－10－31/2024－02－19.

［139］钊阳，戴明锋．中国跨境电商发展现状与趋势研判［J］．国际经济合作，2019（06）：24－33.

［140］赵晓梅．全球营商环境对中国跨境电商发展的影响研究［D］．贵州财经大学，2023.

［141］赵振杰．2.43 亿单！2020 年我省跨境电商进出口清单比上年增长超九成［N］．河南日报，2021－01－20（06）.

［142］赵志君，庄馨予．中国人工智能高质量发展：现状、问题与方略［J］．改革，2023（09）：11－20.

［143］赵志君．数字经济与科学的经济学方法论［J］．理论月刊，2022（2）：68－78.

［144］郑晗．浙江宁波：跨境电商监管与服务的探索实践［EB/OL］．https：//www. samr. gov. cn/wljys/gdjl/art/2023/art _ b26a1d5bfecb41628fcbd61bc1905422. html. 2021－09－27/2024－03－04.

［145］郑远强，郭君，朱丽军．海南自贸区引才困境及广义人才引进机理研究［J］．海南大学学报（人文社会科学版），2019，37（06）：46－51.

［146］中国信息通信研究院，中国人工智能产业发展联盟．人工智能治理白皮书 2020［EB/OL］．http：//www. caict. ac. cn/kxyj/qwfb/bps/2020－09－00/2024－02－13.

［147］中国信息通信研究院．人工智能治理白皮书 2022［EB/OL］．http：//www. caict. ac. cn/kxyj/qwfb/bps/2022－04－00/2024－02－13.

［148］钟义信．范式革命：人工智能基础理论源头创新的必由之路［J］．人民论坛·学术前沿，2021（23）：22－40.

［149］周科选，韩永辉，佘林徽．跨境电商产业政策对中国进口产品质量的影响研究［J］．兰州学刊，2023（02）：41－58.

［150］周勍．中国跨境电商政策的影响效应研究［D］．对外经济贸易大学，2021.

［151］周山莉．我国跨境电商商业模式优化策略研究［D］．商务部国际贸易经济合作研究院，2022.

［152］周佑勇．论智能时代的技术逻辑与法律变革［J］．东南大学学报（哲学社会科学版），2019，21（05）：67－75＋147＋2.